In mountainbike nelle Dolomiti

W0243020

Mauro Tumler

In mountainbike nelle Dolomiti

43 percorsi nelle Dolomiti di sudovest con SellaRonda

TAPPEINER.

MATERIALE CARTOGRAFICO

Tour 1, 2
TABACCO, foglio 030, Bressanone/Val di Funes – TAPPEINER, Val di Funes/Dolomiti

Tour 3, 4
TABACCO, foglio 029, Sciliar/Catinaccio – TAPPEINER, Sciliar – Catinaccio – Alpe di Siusi

Tour 5
TABACCO, foglio 05, Val Gardena/Alpe di Siusi – TAPPEINER, Sciliar – Catinaccio – Alpe di Siusi

Tour 6–10
TABACCO, foglio 05, Val Gardena/Alpe di Siusi – TAPPEINER, Val Gardena e dintorni

Tour 11, 12
TABACCO, foglio 049, Strada del vino

Tour 13, 16, 17
TABACCO, foglio 029, Sciliar/Catinaccio Latemar/Regglberg

Tour 14, 15
TABACCO, foglio 029, Sciliar/Catinaccio Latemar/Regglberg – TAPPEINER, Sciliar – Catinaccio – Alpe di Siusi

Tour 18–20
TABACCO, foglio 06, Val di Fassa e Dolomiti Fassane – TAPPEINER, Val di Fassa

Tour 21–23
TABACCO, foglio 06, Val di Fassa e Dolomiti Fassane – TAPPEINER, Val di Fassa

Tour 24–26
TABACCO, foglio 014, Val di Fiemme, Lagorai/Latemar

Tour 27
TABACCO, foglio 014, Val di Fiemme-Lagorai-Latemar – TABACCO, foglio 022, Pale di San Martino

Tour 28
TABACCO, foglio 022, Pale di San Martino

Tour 29–34
TABACCO, foglio 07, Alta Badia, Arabba, Marmolada – TAPPEINER, Alta Badia e dintorni

Tour 35
TABACCO, foglio 03, Cortina d'Ampezzo e Dolomiti Ampezzane – TAPPEINER, Alta Badia e dintorni

Tour 36
TABACCO, foglio 031, Dolomiti di Braies/Marebbe – TAPPEINER, Alta Badia e dintorni

Tour 37–39
TABACCO, foglio 031, Dolomiti di Braies/Marebbe

Tour 40, 41
TABACCO, foglio 031, Dolomiti di Braies/Marebbe – TAPPEINER, Brunico e dintorni

Introduzione

Chi in sella a una MTB percorre uno dei tanti itinerari dolomitici vive in ogni fibra del proprio essere i Monti "Pallidi", come tali intesi. Ma non è così facile dare una spiegazione al loro nome. Certo, con un po' di curiosità si scoprirà facilmente che l'aspetto delle Dolomiti è dovuto alla chiara roccia calcarea contenente magnesio di cui sono formate. Anche il nome Dolomiti non è pura invenzione. Déodat de Dolomieu, un geologo francese (1750–1801), restò affascinato da questi monti, ne descrisse la roccia calcarea di cui erano formate, facendone analizzare dei campioni al suo amico chimico Teòdore de Saussure. Questi stabilì che era costituita da un minerale fino ad allora sconosciuto nella sua formula chimica. Dolomieu voleva chiamarlo "saussurite", ma de Saussure, presentando il nuovo minerale in una riunione scientifica del 1796, propose di chiamarlo "dolomite" in onore del suo scopritore, secondo i principi di marketing in voga tra gli scienziati dell'epoca.
Che dire ancora delle Dolomiti: teatro di guerra nel corso del primo conflitto mondiale, patrimonio dell'umanità UNESCO, meta turistica in ogni stagione dell'anno, numerosi parchi naturali, cime a profusione – l'enumerazione di fatti o dati potrebbe continuare.

Una giornata tra i Monti Pallidi trascorsa pedalando in sella a una MTB è a ragione incomparabile. Nelle belle giornate estive, alla partenza nelle prime ore del mattino, le crode dolomitiche si ergono nella loro veste, che va dal giallastro la grigio chiaro a seconda delle zone, in caratteristico, spettacolare contrasto con il radioso cielo azzurro che le sovrasta; che ha un'intensità di colore talmente affascinante da parere quasi ritoccato artificialmente. Se di buon mattino si sale dalla Val di Fassa al Gardeccia, ai piedi delle Torri del Vajolet, è inevitabile pensare: "Un cielo così non l'ho mai visto prima!" Con questo stato d'animo il biker affronterà con entusiasmo i trail che lo aspettano.

Nel corso del primo conflitto mondiale attorno a molte cime dolomitiche si combattè una accanita, cruenta guerra di posizione. Il rifornimento delle truppe avveniva solo lungo strette strade e sentieri il cui tracciato, in parte vertiginosamente esposto lungo i fianchi delle montagne, resta ancor oggi spettacolare. La fitta rete di vie allora creata non porta solo nelle zone sommitali di cime anche molto elevate. Sono innumerevoli i trail che attirano i biker, anche perché in parecchie zone impianti di risalita aiutano a dimenticare condizioni fisiche non proprio al top. I puristi rigettano naturalmente l'idea, macinando tetragoni ogni metro di dislivello "in proprio". Ma una volta arrivati in cima non di rado vengono abbondantemente presi in giro dal gruppo "funiviario" per il colore del viso che ricorda senza ombra di dubbio quello delle "pallide" montagne. In effetti certi uphill sono talmenti ripidi che alla meta il cuore, messo a dura prova dalla sforzo, tralascia temporaneamente di pompare sangue alle guance. A ciò può porre rimedio solamente la cucina tipica locale.

Centinaia di metri di dislivello nelle gambe e tanti ancora da superarne, niente più barrette energetiche, l'acqua ormai solo a sorsi razionati, mentre il paesaggio è sì meraviglioso ma del tutto privo di carboidrati. Ogni biker conosce questa situazione, il miraggio di una vicina malga che motivi la risalita della prossima erta. Qualcosa da bere (non meno di un litro) e come minimo un piatto colmo e fumante. Proprio nelle malghe, nella zona dolomitica, si può gustare una cucina tradizionale di notevole varietà, in cui si avverte la comune impronta storica tirolese, venata di chiare influenze austriache e ungheresi. Polenta, cavolo bianco canederli di pane, speck e formaggio si trovano sui menù al pari di goulasch e carne di maiale in tutte le forme immaginabili. Comunque, al più tardi dopo l'obbligatoria fetta di strudel, nel biker s'insinua il dubbio se e come proseguire.
Ogni itinerario giornaliero di solito volge al termine in coincidenza con spettacolari tramonti. Il Gruppo del Sassolungo vicino all'Alpe di Siusi, "l'enrosadira" del Catinaccio o la Marmolada ricoperta dai ghiacci producono magie cromatiche che s'imprimono nella mente al pari della consapevolezza che gli itinerari per MTB nei Monti Pallidi creano dipendenza!

Mauro Tumler

Avvertenze e informazioni di carattere generale

Questa guida riguarda itinerari per MTB nella parte sudoccidentale delle Dolomiti e comprende le seguenti zone: Monte Corno, Latemar-Catinaccio-Monte Regolo, Val di Funes, Val Gardena con l'Alpe di Siusi, Valli di Fiemme e Fassa, Alta Badia, Plan de Corones, S. Vigilio di Marebbe con sconfinamento nella vicina provincia di Belluno (Cortina d'Ampezzo), i Parchi Naturali Monte Corno, Sciliar-Catinaccio-Puez-Odle, Fanes-Sennes-Braies e il Parco Naturale Dolomiti d'Ampezzo. In alta stagione su alcuni tratti dei tracciati si registra un notevole affollamento di escursionisti, per cui si prega di averne il debito riguardo.
In Val di Fassa, Val di Fiemme e nel Parco Naturale Monte Corno gli itinerari sono dotati di buona segnaletica.

Periodo migliore: da giugno a settembre
Questi itinerari spesso portano al di sopra del limite del bosco. Dopo inverni particolarmente nevosi quindi molti di essi sono percorribili solo a stagione più inoltrata. Un bell'autunno può al contrario allungare la stagione ciclistica anche di un mese. Nell'affrontare itinerari che prevedono l'uso di impianti di risalita è necessario informarsi sui loro orari di esercizio prima di partire.

Cartografia
Tabacco 1:25.000
Tappeiner Edizioni 1:25.000

Equipaggiamento e materiale
Mountainbike (hardtail, biammortizzata o E-bike con gomme tassellate), zaino, borraccia, crema solare, casco, guanti, occhiali, protezione antipioggia, indumenti di ricambio, telefono cellulare, cartine escursionistiche, kit pronto soccorso, attrezzi multiuso, pompa, camera d'aria di riserva, kit riparazione camera d'aria, batteria di riserva per il dispositivo GPS, eventualmente una lampada frontale per le corte giornate autunnali; per gli itinerari più lunghi anche pastiglie freni di ricambio.

Dati GPS
I tour sono dotati di un codice QR, attraverso il quale si può accedere a tutte le informazioni, compresi i dati GPS o sotto
www.sentres.com/it/libro/mountainbike-dolomiti

Numeri d'emergenza per Alto Adige/Trentino/Veneto
118 Servizio di emergenza
112 Carabinieri
113 Polizia

Regole di comportamento per mountainbiker

Siamo ospiti della natura
Viaggia solo su vie e sentieri marcati, mai fuoristrada. Rispetta i divieti di circolazione locali!

Le persone che si spostano a piedi e gli escursionisti hanno la precedenza
Segnala in anticipo il tuo passaggio. Adatta la tua velocità alla situazione.

Non lasciare tracce del tuo passaggio
Evita frenate e partenze brusche e i trail dopo una pioggia (erosione del terreno)!
Non lasciare in giro i rifiuti.

Proteggi la flora e la fauna
Evita di passare per le zone soggette a particolare tutela e altre zone altrimenti degne di rispetto (paludi, biotopi ecc.). Chiudi sempre i cancelli degli steccati! Non provocare rumore e abbi riguardo degli animali al pascolo o selvatici!

Pensa alla tua sicurezza
Pianifica i tuoi itinerari prima di partire. Controlla il tuo equipaggiamento. Indossa sempre casco e guanti. Non viaggiare al di sopra delle tue possibilità!

Mountainbiker ai piedi della parete nord del Sassolungo

L'altopiano del Seceda con veduta sul crinale alpino principale

1 GIRO DEI GIOGHI DI FUNES

Partenza e arrivo:
S. Pietro/Val di Funes, 1140 m

Punto più elevato:
Croce Russis, 1740 m

Lunghezza percorso: 27 km

Dislivello in salita: 970 m

Dislivello in discesa: 970 m

Tempo percorrenza: ca. 4 ore

Difficoltà: ●●●○○

Impegno fisico: ●●●○○

Uphill: ●●○○○

Downhill: ●●○○○

Periodo: maggio–ottobre

Accesso stradale:
A) Uscita A22 del Brennero Chiusa/Val Gardena, Val di Funes fino a S. Pietro
B) Dalla Val Badia si valica il P.so delle Erbe e si scende a S. Pietro

Sas de Pütia

"Non sembra essere poi tanto difficile!", verrebbe da dire basandosi sui dati di riferimento dell'itinerario. Vero, ma solo fino a un certo punto. Per affrontare in MTB tracciati dolomitici bisogna essere in adeguate condizioni fisiche.

Ciò vale anche per questo poco frequentato tracciato in Val di Funes. S. Pietro, punto di partenza e arrivo, giace all'incirca a metà della valle, ai piedi del Parco Naturale Puez-Odle. Da lì il percorso si snoda, a parte un breve tratto di 70 m di dislivello in cui bisogna spingere la bici a mano, quasi completamente su strade forestali.

Descrizione itinerario

❶ 1140 m, partiamo dal centro di S. Pietro, passiamo davanti all'Albergo Kabis e proseguiamo lungo la Via Crucis (segnavia N. 30) verso a S. Giacomo ❷ 1290 m, e poi in moderata salita fino al punto di ristoro Moarhof ❸ 1320 m (locale aperto). Da qui andiamo fino alla croce "Jochkreuz" ❹ 1370 m; dalla sbarra seguiamo la forestale sul versante della Valle di Eores in direzione est, fino a un grande deposito di legname ❺ 1490 m; poi breve tratto con bici spinta a mano fino alla Langwiese ❻ 1380 m. Dalla stessa in poi torniamo sul versante della Val di Funes, scendendo in ripida pendenza fino ai Masi Tschaufis ❼ 1340 m. Segue una discesa di un centinaio di metri lungo la strada asfaltata; dopodiché imbocchiamo a sinistra il "Sunnseitenweg" in direzione di S. Pietro, passiamo per i Masi di Runggatsch e andiamo avanti fino alla Cappella Vikoler ❽ 1380 m. Proseguiamo per 1 km sulla strada che porta al Passo delle Erbe e svoltiamo poi a sinistra andando fino al Maso Riefer ❾ 1480 m. Qui svoltiamo sulla via N. 5a in direzione di S. Giorgio e raggiungiamo nuovamente il versante in ombra della Valle di Eores, dove viaggiamo lungo la forestale fino al suo innesto nella Strada delle Dolomiti ❿ 1653 m. Ca. 2 km e 100 m di dislivello ci separano ora dal punto più alto dell'itinerario, la Croce Russis ⓫ 1700 m. Raggiuntala, ridiscendiamo a valle; dopo ca. 2 km svoltiamo a sinistra sulla forestale N. 11/11A ⓬ 1500 m. Lungo la via ripida e sconnessa scendiamo fino a S. Maddalena: attenzione al bivio presso il ponte di legno! ⓭ 1230 m. Qui ci teniamo a sinistra, attraversiamo il Rio di Funes in valle ⓮, proseguiamo costeggiando il lato destro della strada provinciale, passiamo accanto al parcheggio del Centro Visite del Parco Naturale "Puez-Odle"⓯ 1170 m e continuiamo per un breve tratto verso lo sbocco della valle lungo strada provinciale ⓰. Subito dopo il Maso Bruggmüller saliamo a destra in moderata pendenza fino alla strada per il Passo delle Erbe ⓱, lungo la quale torniamo al punto di partenza a S. Pietro.

asfalto	strada forestale	bosco/prato	bici a spinta
43 %	55 %	1 %	1 %

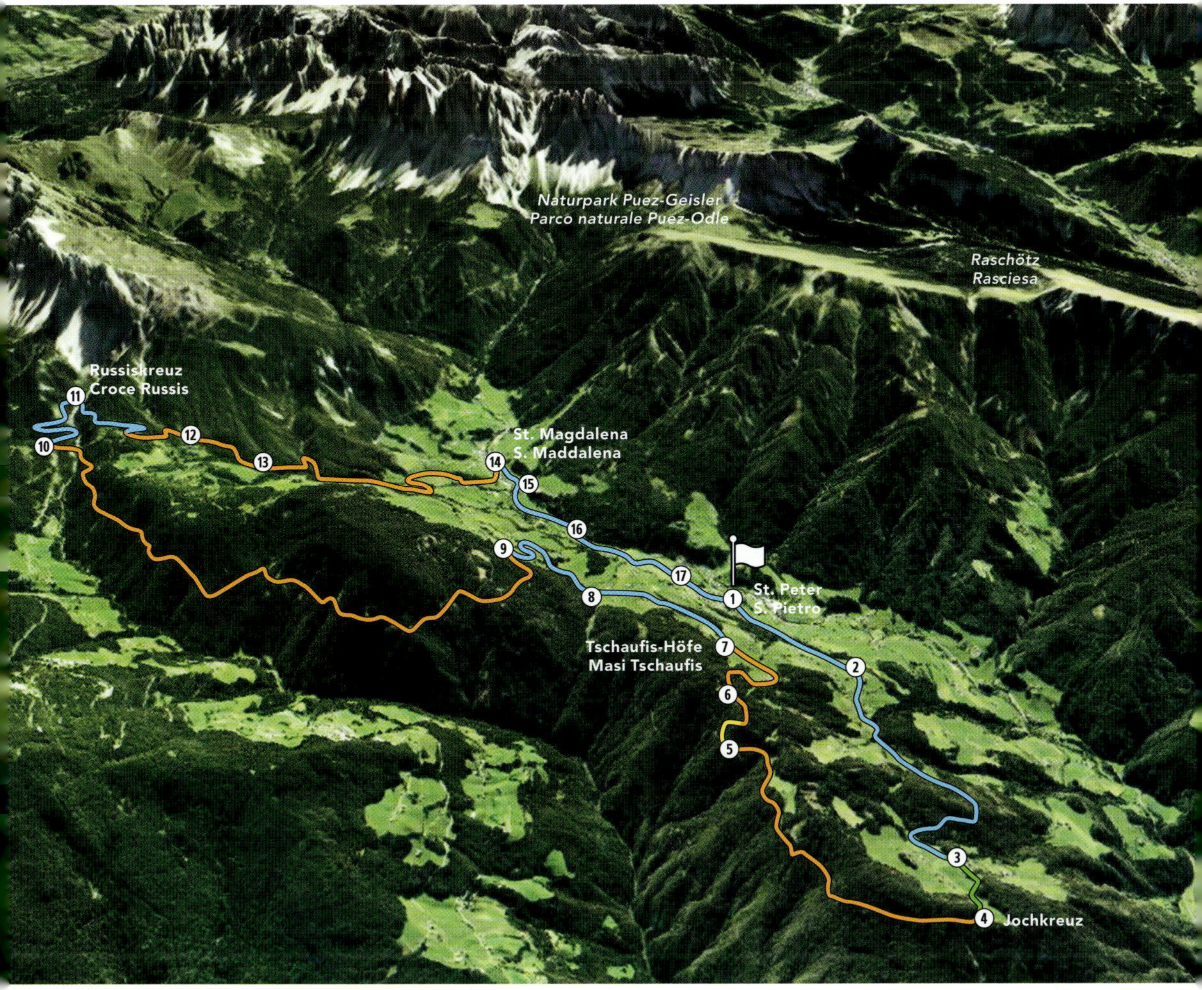

Ulteriore materiale cartografico per il tour: vedi a pagina 5

2 GIRO DELLA VALLE DI EORES

Partenza e arrivo:
S. Pietro/Val di Funes, 1140 m

Punto più elevato:
ponte Strada d. Dolomiti, 1680 m

Lunghezza percorso: 34 km

Dislivello in salita: 1400 m

Dislivello in discesa: 1400 m

Tempo percorrenza: 4–5 ore

Difficoltà: ●●●●●

Impegno fisico: ●●●●●

Uphill: ●●●●●

Downhill: ●●●●●

Periodo: maggio–ottobre

Accesso stradale:
A) Uscita A22 del Brennero Chiusa/Val Gardena, Val di Funes fino a S. Pietro
B) Dalla Val Badia – Passo delle Erbe e si scende a S. Pietro

Maso di montagna in Valle di Eores

Quando in sella a una MTB nelle calde giornate estive si percorrono lunghi tragitti nel cuore delle Dolomiti non si scappa: sudore e fatica saranno inevitabili compagni di viaggio. La vista panoramica sulla Valle d'Isarco con la conca di Bressanone, la Plose e le cime glaciali delle Alpi dello Zillertal a nord aiuta in ogni caso a superare in scioltezza eventuali momenti di stanca.

Durante la discesa su facili forestali dalla croce "Jochkreuz" fino ad Albes solo alcuni brevi e tosti single trails richiedono una sicura tecnica ciclistica. A metà strada, su una collinetta solatia, si trova il paese di Tiso, noto per le sue "geodi", che si possono ammirare nel locale Museo Mineralogico. Una sfida per ogni mountain biker è costituito dall'uphill di 12 km lungo l'ombrosa strada che costeggia il Rio di Eores, con 1000 m di dislivello (parziale tratto della Transalp 2001). La discesa dal punto più elevato dell'itinerario si svolge inizialmente ancora sul versante della Valle di Eores. Successivamente però, dopo il Maso Riefer in località Colle, si apre il panorama sulla Val di Funes, dominata dalle aguzze cime delle Odle.

Descrizione itinerario

❶ partiamo dal centro di S. Pietro, 1140 m, passiamo davanti all'Albergo Kabis, saliamo verso monte lungo la Via Crucis (segnavia N. 30) in direzione di S. Giacomo; da qui in moderata pendenza raggiungiamo il punto di ristoro Moarhof ❷ 1320 m. Proseguiamo fino alla croce "Jochkreuz" ❸ 1370 m, da cui ha inizio prima lungo la via N. 5 poi la N. 5a la discesa verso Albes. Andiamo in direzione di Tiso fino alla "Bärenwarte" ❹ 1250 m; a sinistra sulla forestale N. 7 costeggiamo la Stierwiese fino al bivio ❺ 1090 m e poi scendiamo a sinistra fino a Tiso ❻ 960 m. Proseguendo verso valle andiamo al campo sportivo e, percorrendo la strada N. 9, ci portiamo ad Albes ❼ 610 m. In corrispondenza della scuola elementare attraversiamo il Rio di Eores per seguire poi verso monte la strada N. 10 che costeggia il rio; passiamo davanti al Maso Schmied ❽ 1230 m e arriviamo alla "Hintersäge" ❾ 1500 m. Ora saliamo brevemente fino all'innesto nella Strada delle Dolomiti, che percorriamo per ca. 1 km fino al ponte sul Rio di Eores ❿ 1640 m, il punto più elevato di questo itinerario. Scendiamo a destra per la forestale N. 10 restando sul lato destro della Valle di Eores, fino a Colle, passiamo davanti a Maso Riefer ⓫ 1490 m e proseguiamo fino alla strada provinciale del Passo delle Erbe, su cui facciamo ritorno al punto di partenza a S. Pietro.

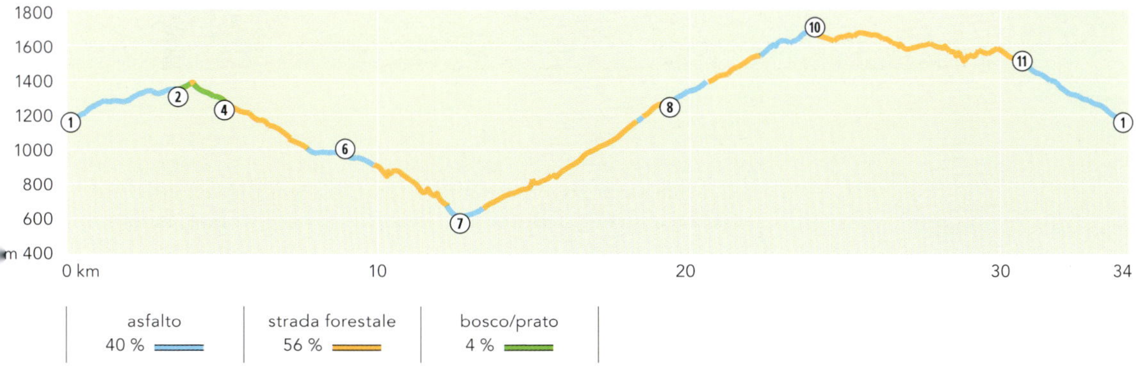

Ulteriore materiale cartografico per il tour: vedi a pagina 5

3 AI PIEDI DELLO SCILIAR

Partenza e arrivo:
Fiè allo Sciliar, 870 m

Punto più elevato:
Tschafonleger, 1360 m

Lunghezza percorso: 19 km

Dislivello in salita: 730 m

Dislivello in discesa: 730 m

Tempo percorrenza: 2½–3 ore

Difficoltà: ●●●●●

Impegno fisico: ●●●●●

Uphill: ●●●●●

Downhill: ●●●●●

Periodo: maggio–ottobre

Accesso stradale:
Autostrada A22 del Brennero, uscita Bolzano Nord, Prato Isarco, Fiè allo Sciliar

Croce Schnaggenkreuz

Se prima di affrontare un itinerario in zona si dà uno sguardo allo Sciliar, vengono i brividi al solo pensiero di doverci salire in cima con la due ruote. Niente paura! I "piedi" citati nel titolo dell'escursione sono da intendersi in senso letterale. Il giro è facile e non richiede più di 2–3 ore.

Partendo da Fiè, su strada asfaltata si raggiunge Umes, si prosegue poi su facili forestali fino al Moarmühler. In certi tratti che si snodano sotto le strapiombanti pareti del Monte Cavone e la Croda del Maglio si prova quasi un senso d'oppressione. Qui ha inizio la lunga ascesa che, attraverso un bosco ombroso, porta al Tschafonleger. Solo poco prima dello stesso la salita si fa un po' più dura. Da lassù la vista sul solatio altopiano di Fiè, con i suoi innumerevoli casali e masi isolati, è fantastica. Bei sentieri boschivi garantiscono una sicura e facile discesa al meritato punto di ristoro: l'Albergo Schönblick/Bellavista. Dopo due brevi salite si raggiunge il Maso Tschötscher, la croce Schnaggenkreuz e la segheria di Umes. La vecchia strada di Umes porta in basso verso il punto di partenza, il paese di Fiè allo Sciliar.

Descrizione itinerario

❶ 870 m, punto di partenza presso l'Ufficio Turistico di Fiè allo Sciliar. Sulla strada asfaltata comunale andiamo in direzione di Umes fino al Moarmühler, dove ha inizio il tratto che corre lungo il sentiero circolare di Umes. Proseguiamo sulla via N. 4, seguendo la segnaletica per il Rif. M.te Cavone (Tschafonhütte) fino al Tschafonleger ❷ 1366 m. Scendiamo lungo la via N. 7 fino al ristoro Bellavista/Schönblick ❸ 1190 m, proseguiamo la discesa per ulteriori 250 m di dislivello lungo la via N. 5 seguendo le indicazioni per Aica di Fiè fino sopra il Maso Tschötscher ❹ 970 m; da qui andiamo ancora verso il basso fino alla croce Schnaggenkreuz – con due piccole contropendenze lungo l'Oachner Höfeweg ❺ 1010 m. Dalla segheria di Umes scendiamo a Fiè lungo la vecchia strada.

asfalto	strada forestale	bosco/prato	single trail	bici a spinta
23 %	72 %	3 %	1 %	1 %

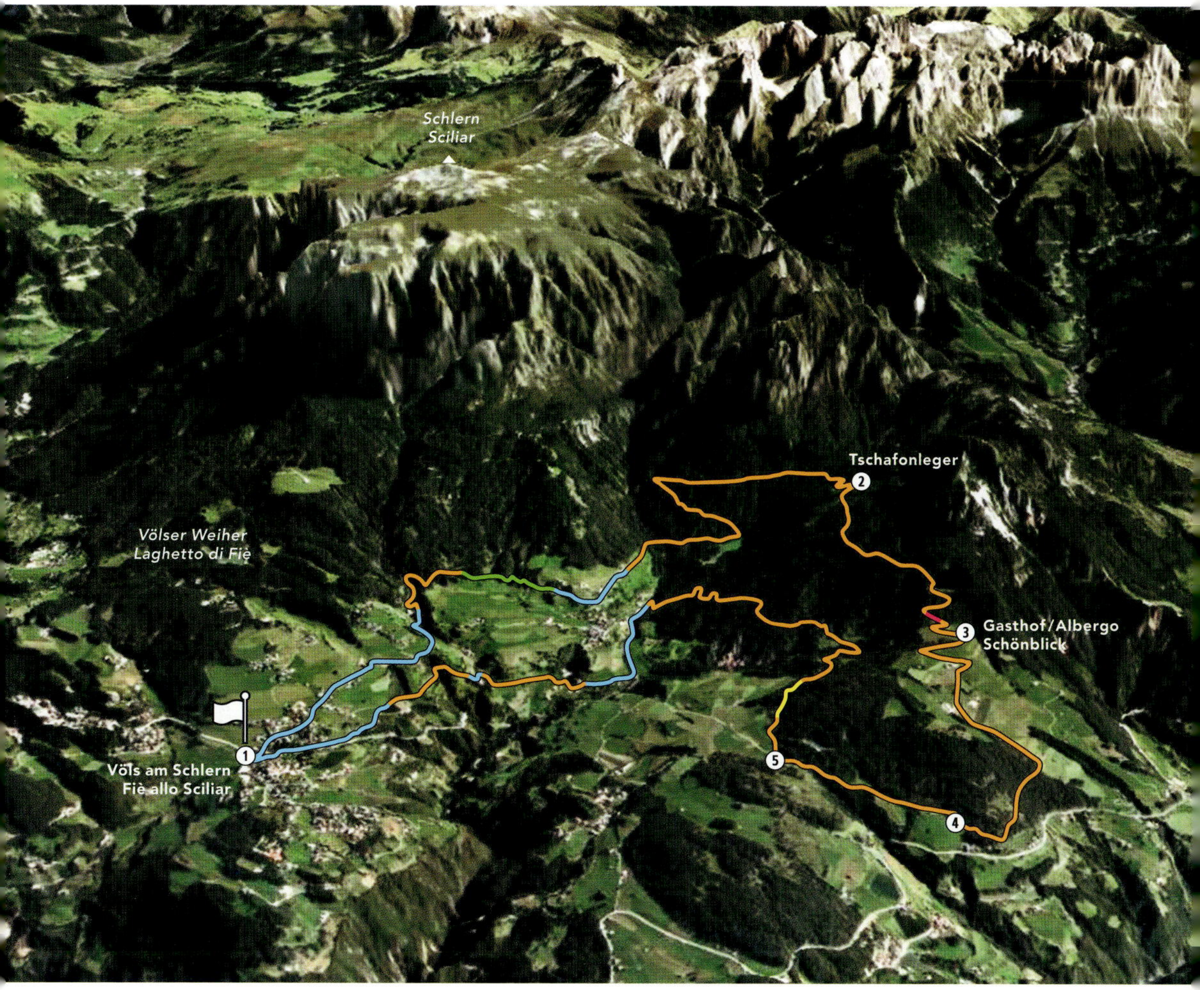

Ulteriore materiale cartografico per il tour: vedi a pagina 5

4 TOUR PANORAMICO A CASTELROTTO

Partenza e arrivo:
Castelrotto, 1050 m

Punto più elevato:
Frazione Tioselles, 1180 m

Lunghezza percorso: 25 km

Dislivello in salita: 740 m

Dislivello in discesa: 740 m

Tempo percorrenza: 3–3½ ore

Difficoltà: ●●●●●

Impegno fisico: ●●●●●

Uphill: ●●●●●

Downhill: ●●●●●

Periodo: maggio–ottobre

Accesso stradale:
A) Autostrada A22 del Brennero, uscita Bolzano Nord, Prato Isarco, Castelrotto
B) Autostrada A22 del Brennero, uscita Chiusa, Ponte Gardena, Castelrotto

Mulino di Malenger

Municipio di Castelrotto

Il Comune di Castelrotto è costituito da svariati paesi e frazioni sparsi tra la Val d'Isarco, la Val Gardena e l'Alpe di Siusi. La sua altitudine ne fa un ottimo punto di partenza per cicloescursioni molto varie.

Anche la presente non lesina scorci panoramici, che vanno dal fondovalle attraversato dall'Isarco fino all'imbocco della Val Gardena. L'itinerario si sviluppa in massima parte lungo poco trafficate strade secondarie e forestali, il che dà la possibilità ovviamente di godere indisturbati l'ambiente naturale. Per quanto riguarda la prestazione fisica, l'unico tratto un po' impegnativo è quello che sale dal Rio di Tisana, il punto più basso del tracciato, a Telfen. Anche il breve single trail dopo la località di Tisana è abbastanza tosto e richiede un'adeguata tecnica per essere percorso in sicurezza. Per chi si interessa di cultura c'è la possibilità di fare una puntata al Mulino Malenger di S. Vigilio, al Museo del Contadino di Maso Tschötscher a S. Osvaldo.

Descrizione itinerario

❶ 1050 m, partenza dalla staz. a valle della Seggiovia di Marinzen, a Castelrotto. Lungo la strada N. 8 raggiungiamo Tioselles, proseguiamo fino alla strada che porta al Passo Pinei; da qui scendiamo verso sinistra al casale di Schgaguler, poi andiamo a destra, all'inizio percorrendo la via N. 10, poi la 2b, in direzione di Tagusa. All'incrocio ❷, andiamo a sinistra in direzione del cartello indicatore per Tagusa, passiamo davanti al laghetto "Radlmooslacke" ❸ 1150 m; poi scendiamo in moderata pendenza alla frazione di Tagusa ❹ 950 m, proseguiamo in direzione sud lungo la strada N. 2 fino all'incrocio di Tisana ❺. Da qui seguiamo a destra le indicazioni per S. Osvaldo scendendo lungo la strada N. 1b. Attenzione: dopo ca. 1 km non perdere l'innesto ❻ 900 m a sinistra nel breve single trail, ❼ 700 m. Scendiamo a valle per ca. 100 m sulla strada verso Ponte Gardena; poi svoltiamo a sinistra in direzione di S. Osvaldo/S. Vigilio fino al Rio di Tisana; da qui ripida salita fino a Maso Lafogler ❽, a S. Osvaldo ❾ 750 m; passiamo davanti a Maso Pfleger e proseguiamo fino al Molino di Malenger ❿ 840 m, passiamo tra il maso e il fienile, andiamo avanti fino all'incrocio ⓫. Da qui seguiamo le indicazioni per il molino "Furschermühle" e continuiamo il viaggio lungo il Sentiero Oswald von Wolkenstein fino a Siusi ⓬ 990 m. Percorriamo ca. 1 km sulla strada provinciale verso Castelrotto; al bivio ⓭ svoltiamo a sinistra in direzione del bosco di Laranz, passiamo accanto al Centro Sportivo di Telfen, scendiamo per un breve tratto fino alla rotatoria e da qui, stando sulla provinciale, pedaliamo per ca. 1,5 km per raggiungere nuovamente Castelrotto.

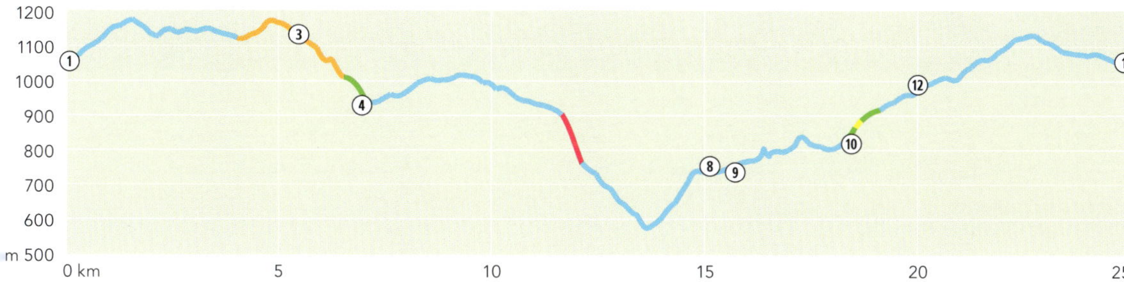

asfalto	strada forestale	bosco/prato	single trail	bici a spinta
83 %	9 %	5 %	2 %	1 %

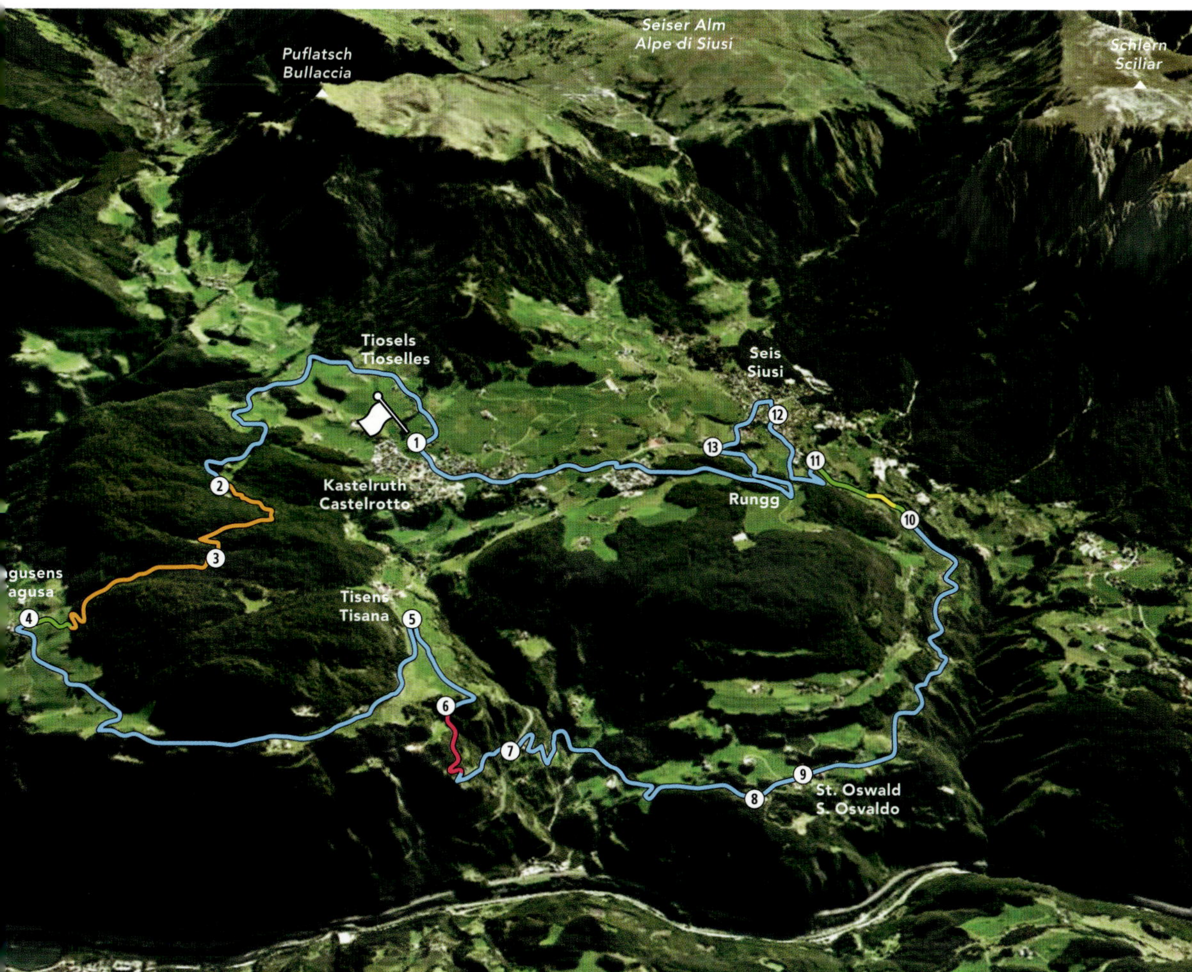

Ulteriore materiale cartografico per il tour: vedi a pagina 5

5 ALPE DI SIUSI A 360°

Partenza e arrivo: Compaccio, Alpe di Siusi, 1840 m

Punto più elevato: Chiesetta Dialer, 2140 m

Lunghezza percorso: 35 km

Dislivello in salita: 1200 m

Dislivello in discesa: 1200 m

Tempo percorrenza: 5–5½ ore

Difficoltà: ●●●●○

Impegno fisico: ●●●●○

Uphill: ●●●○○

Downhill: ●●●○○

Periodo: giugno–ottobre

Accesso stradale:
A) Autostrada A22 del Brennero, uscita Chiusa, Ponte Gardena, Siusi allo Sciliar
B) Austrada A22 del Brennero, uscita Bolzano Nord, Prato Isarco, Siusi allo Sciliar

Denti di Terrarossa

Estesa quanto 8000 campi da calcio, a 2140 m di altitudine, nel cuore delle Dolomiti: quella di Siusi è la più vasta alpe d'Europa e proprio per questo fa parte del Patrimonio Dolomitico Unesco.

Questo itinerario è tra i più belli! Comunque, senza un'accorta tecnica e un'adeguata condizione fisica trarne piacere è quasi impossibile. Ripide salite, impegnativi single trail, brevi passaggi con bici spinta a mano, discese su fondo sconnesso e la lunghezza dell'intero percorso hanno il loro prezzo. Il tutto viene però compensato da un panorama a 360° semplicemente spettacolare. Dal punto più elevato, la Chiesetta Dialer, un trail in campo aperto porta al Rifugio Zallinger. La discesa ai piedi del Sassopiatto e Sassolungo passando per Saltria, con breve passaggio in Valle Jender, giro del Col del Lupo e ritorno al punto di partenza a Compaccio non si dimentica facilmente.

Descrizione itinerario

❶ 1840 m, punto di partenza a Compaccio, raggiungibile in cabinovia oppure automobile (attenzione: orari di circolazione limitati!). Dopo una breve discesa lungo la via N. 4 fino alla stazione a valle della Seggiovia Spitzbühel ❷ 1720 m, saliamo in ripida pendenza lungo la strada 5/5a, al bivio ❸ andiamo a sinistra in direzione del Rif. Alpe di Tires, proseguiamo lungo la via N. 5a verso il Rif. Laurino ❹ 2010 m, passiamo davanti all'Hotel Panorama ❺ 2000 m; dopo 400 m scendiamo a destra per la via N. 7, passiamo oltre il Rif. Almrosen ❻, 2010 m e il Rif. Molignon ❼ 2050 m, poi saliamo in ripida pendenza fino al bivio per la Chiesetta Dialer ❽ 2140 m. Lungo il sentiero panoramico andiamo in direzione del Rif. Zallinger (variante: ancora 300 m di dislivello in ripida salita fino al Rif. Alpe di Tires). Attenzione: al bivio ❾ il sentiero N. 7 è riservato ai camminatori; quindi scendiamo alla Malga Tomaseth e saliamo al Rif. Zallinger ❿ 2050 m, lungo la via N. 9. Dal rifugio saliamo (50 m di dislivello), proseguiamo lungo il sentiero N. 531 in direzione di Ortisei; alla fermata dell'autobus andiamo a sinistra alla Malga Saltner, scendiamo fino a Saltria ⓫ 1690 m, entriamo per 800 m nella Valle Jender e prima del ponte di legno ⓬ prendiamo la via N. 11 salendo fino al bivio ⓭. Qui c'è un passaggio con bici a mano fino alla Malga Hartl, da cui andiamo avanti lungo la via N. 6b in direzione Ritsch/Compaccio fino all'incrocio con la strada comunale ⓮. Proseguiamo fino alla Malga Ritsch ⓯ 1870 m. Dietro l'hotel (bici a mano) seguiamo il sentiero N. 6 che porta alla staz. a valle della Seggiovia Panorama fino al bivio ⓰; proseguiamo a destra lungo la via 6b fino alla Malga Gostner ⓱ 1910 m e, passati davanti all'Hotel Steger Dellai ⓲, torniamo al punto di partenza a Compaccio.

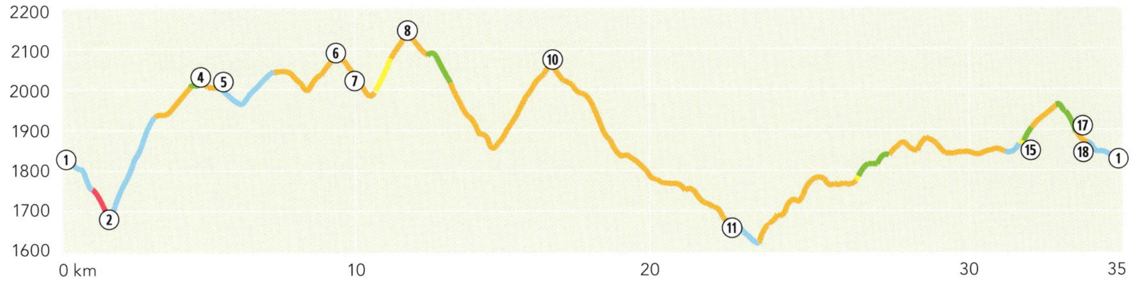

asfalto	strada forestale	bosco/prato	single trail	bici a spinta
20 %	69 %	8 %	1 %	2 %

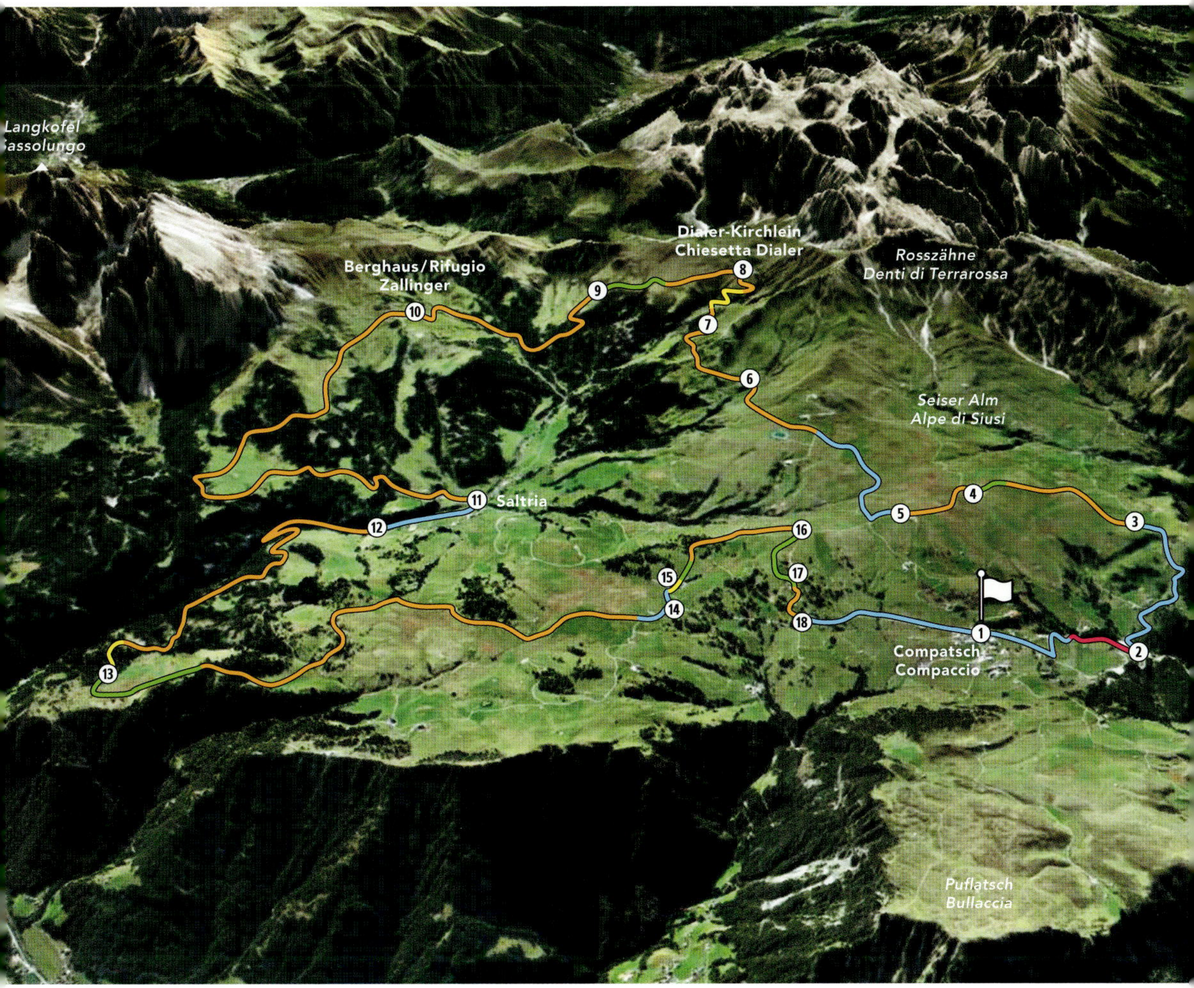

Ulteriore materiale cartografico per il tour: vedi a pagina 5

6 TOUR DAL RASCIESA AL SECEDA

Partenza e arrivo:
Ortisei, staz. a valle funivia Seceda, 1280 m

Punto più elevato:
Rif. Rasciesa 2170 m / Staz. a monte funivia Seceda, 2420 m

Lunghezza percorso: 30 km

Dislivello in salita: 1740 m (680 m usando la funivia Seceda)

Dislivello in discesa: 1740 m

Tempo percorrenza: 4–4 ½ ore

Difficoltà: ●●●●○

Impegno fisico: ●●●●○

Uphill: ●●●○○

Downhill: ●●●○○

Periodo: giugno–ottobre

Accesso stradale:
A) Autostrada A22 del Brennero, uscita Chiusa, Pontives, Ortisei
B) Autostrada del Brennero, uscita Bolzano Nord, Ponte Gardena, Ortisei
C) Val Badia, Passo Gardena, Ortisei

Seceda con le Odle

Anche se la Funivia del Seceda aiuta nell'ascesa, questo itinerario richiede resistenza fisica e una solida tecnica ciclistica. Pur snodandosi il tracciato lungo forestali e strade secondarie, i trail sono di tutto rispetto.

Le fatiche sono compensate da un percorso che si sviluppa sul lato più soleggiato della Val Gardena, in alta quota, a ridosso del Parco Naturale Puez-Odle. Magari non trascurando di narrare in dettaglio quel che si è provato nel defaticante uphill che, in 900 m di dislivello, porta al Rif. Rasciesa. La prima discesa, in parte a lato della pista da sci fino alla stazione intermedia della Funivia del Seceda, richiede un certo senso d'orientamento. Il trail panoramico dal Seceda al Rif. Firenze accenderà sicuramente l'entusiasmo d'ogni biker!

Descrizione itinerario

❶ 1280 m, stazione a valle Cabinovia Seceda a Ortisei. Partiti, ci addentriamo per 500 m ca. in Val d'Anna, prendiamo a sinistra la forestale 9b ❷ che in leggera discesa porta fino alla strada per Rasciesa. Sulla stessa, inizialmente asfaltata, saliamo verso monte in direzione di Rasciesa, ❸ bivio a 2020 m, proseguiamo l'ascesa fino al Rif. Rasciesa ❹ 2170 m. Torniamo indietro per ca. 1000 m lungo la forestale fino all'incrocio per la funicolare di Rasciesa e da qui risaliamo a sinistra in ripida pendenza (breve passaggio con bici spinta a mano) fino alla staz. a monte della funicolare ❺ (2090 m). Ora facciamo una breve puntata a Malga Saltner ❻ 2110 m, ristoro aperto. Scendiamo a destra della malga (fondo un po' accidentato) a lato della pista da sci, al ❼ bivio con la forestale proseguiamo in piano fino all'incrocio senza segnaletica ❽ 1810 m. Quindi andiamo verso valle a sinistra lungo la via N. 8 fino alla stazione intermedia della Funivia del Seceda ❾ 1750 m, saliamo sulla stessa e raggiungiamo la stazione a monte ❿ 2420 m, controllare periodi e orari d'esercizio dell'impianto! Traversiamo lungo la via N. 1 in direzione del Rif. Trojer per proseguire poi lungo la via 2a verso il Rif. Pieralongia ⓫ 2280 m. Continuiamo fino alla staz. a monte della Funivia del Col Raiser ⓬ 2110 m; scendiamo lungo la via N. 4 al Rif. Firenze ⓭ 2040 m, lungo la forestale andiamo fino a Pramulin, lì passiamo sull'altro lato della valle, raggiungiamo il casale di Insom, seguiamo per un tratto la strada comunale verso monte, stando sulla ⓮ via N. 32 incrociamo la ⓯ forestale e proseguiamo fino alla chiesa di S. Giacomo ⓰ 1580 m. Continuiamo a pedalare alti sopra la valle lungo la via N. 6 in direzione di Ortisei fino al bacino di raccolta delle acque ⓱ 1390 m; sul trail 9b andiamo in direzione della Val d'Anna fino alla Baita Pauli ⓲ 1340 m e da qui torniamo al punto di partenza.

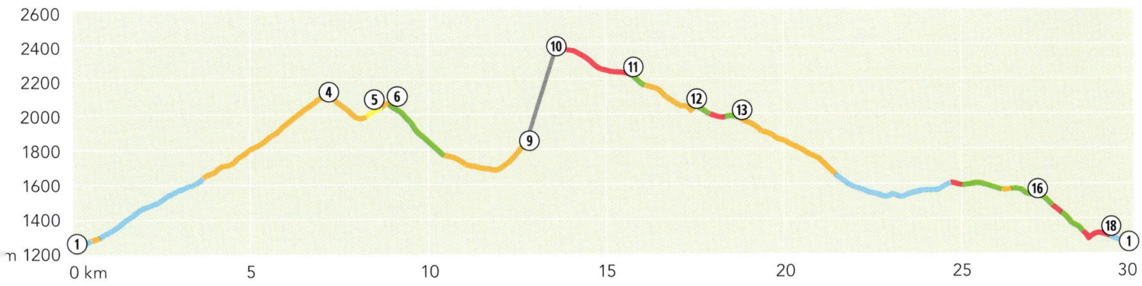

asfalto	strada forestale	bosco/prato	single trail	bici a spinta
26 %	35 %	18 %	13 %	1 %

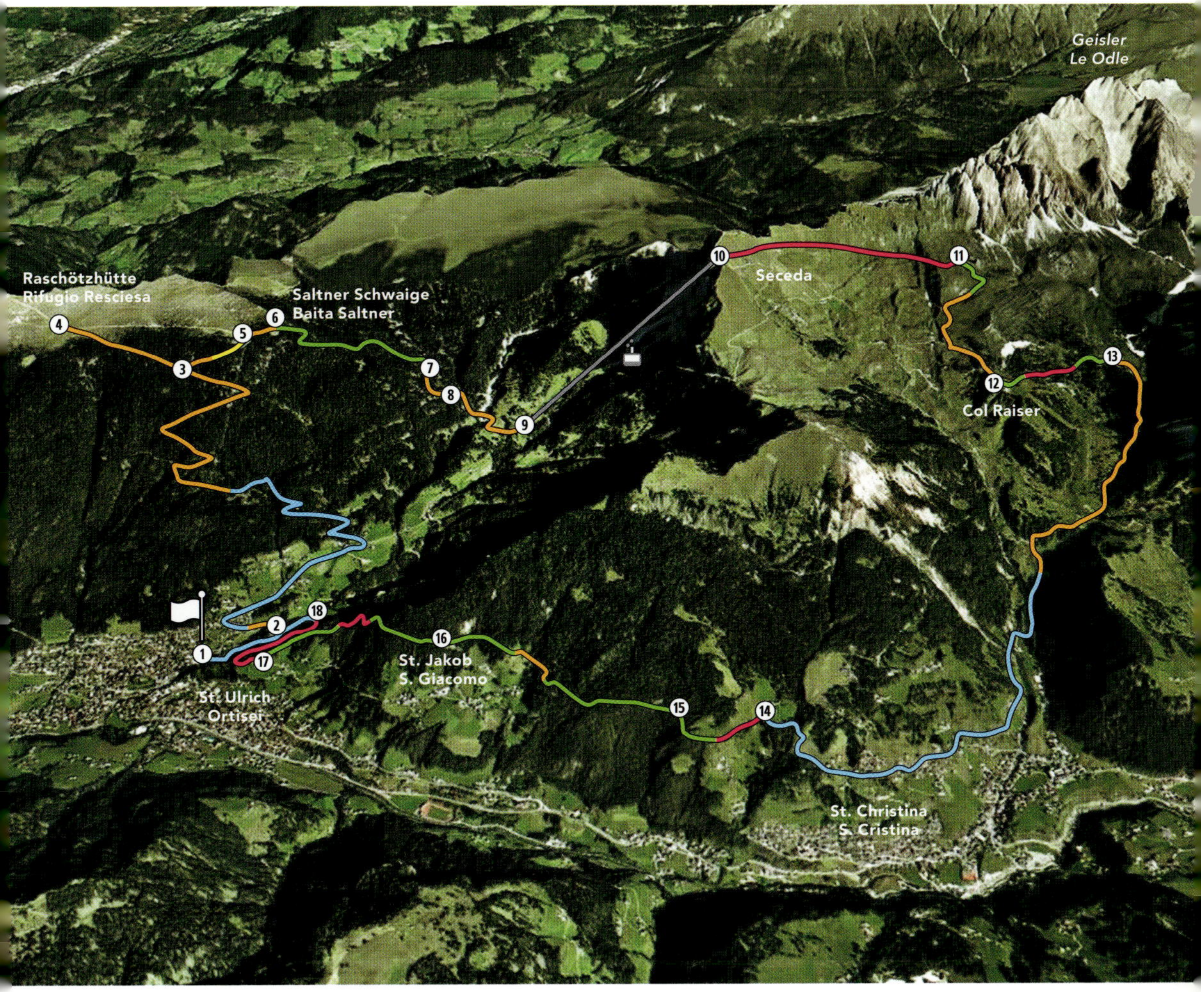

Ulteriore materiale cartografico per il tour: vedi a pagina 5

7 ATTRAVERSO LA VALLUNGA

Partenza e arrivo:
Selva Gardena, Ufficio Turistico, 1570 m

Punto più elevato:
Pra da Ri, 1810 m

Lunghezza percorso: 12 km

Dislivello in salita: 260 m

Dislivello in discesa: 260 m

Tempo percorrenza: 1 ½–2 ore

Difficoltà: ●○○○○

Impegno fisico: ●●○○○

Uphill: ●○○○○

Downhill: ●●○○○

Periodo: maggio–ottobre

Accesso stradale:
A) Autostrada A22 del Brennero, uscita Chiusa, Pontives, Ortisei
B) Autostrada A 22 del Brennero, uscita Bolzano Nord, Ponte Gardena, Ortisei
C) Val Badia, Passo Gardena, Ortisei

Arrivare, salire in sella e via! Ognuno conosce quel che si prova nel giorno d'arrivo in vacanza. Molti, pur avendo alle spalle un lungo viaggio, desiderano fare subito una sgroppata sulla due ruote e questo itinerario è l'ideale come primo approccio. Già il punto di partenza a Selva Gardena, verso la fine della valle, suscita il desiderio di andare all'ulteriore scoperta del paesaggio.

Le strade secondarie e forestali lungo cui si sviluppa il tracciato non presentano problemi tecnici per i principianti e le brevi moderate salite sotto il Pra da Ri basteranno al biker più esperto per sciogliere i muscoli. La Vallunga fa parte del Parco Naturale Puez-Odle e d'inverno è un paradiso per i fondisti. La vista sullo Stevia e sul Gruppo del Chedul prepara psicologicamente alle cicloescursioni dei giorni successivi. All'imbocco della Vallunga, sotto la parete rocciosa dello Stevia, è abbarbicato ciò che resta di Castel Wolkenstein, maniero che nel medioevo serviva per il controllo del Passo Gardena.

Descrizione itinerario

❶ 1570 m, partenza dall'Ufficio Turistico di Selva Gardena. Percorriamo 300 m lungo la strada per Passo Gardena, poi svoltiamo a sinistra nella Strada Dantercepies proseguendo sulla stessa fino alla stazione a valle dell'omonima cabinovia ❷ 1630 m. Passiamo oltre la stessa scendendo in lieve pendenza fino al parcheggio all'ingresso della Vallunga, poi proseguiamo il viaggio sulla forestale: meta e punto di ritorno è Pra da Ri, presso una baita di legno ❸ 1810 m. Ora ripercorriamo in senso inverso la strada fino al parcheggio, dove possiamo fare una pausa-ristoro alla "Ciajota" ❹ 1630 m; andiamo avanti verso lo sbocco della valle sulla Streda Val in direzione Selva Gardena e, in parte sulla ciclabile, facciamo ritorno al punto di partenza a Selva.

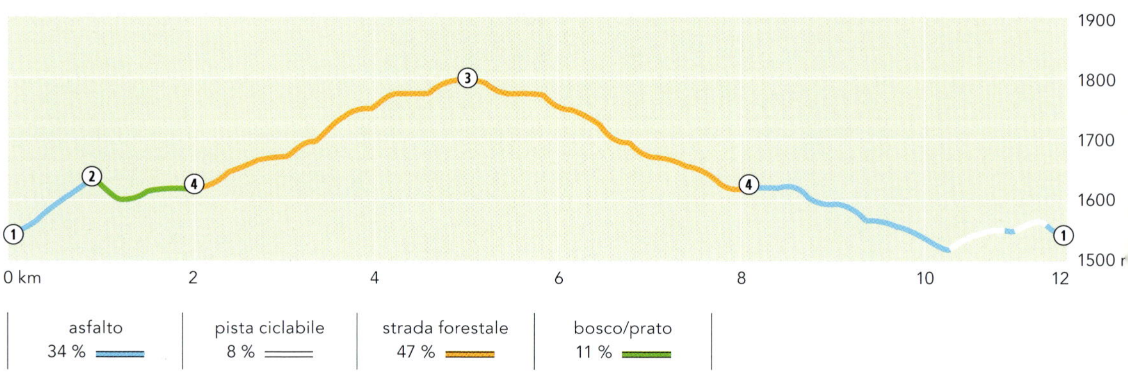

Ulteriore materiale cartografico per il tour: vedi a pagina 5

8 ATTORNO AL SASSOLUNGO

Partenza e arrivo:
Selva Gardena, 1600 m

Punto più elevato:
Rifugio Valentini, 2220 m
Passo Duron, 2200 m

Lunghezza percorso: 43 km

Dislivello in salita: 1600 m

Dislivello in discesa: 1600 m

Tempo percorrenza: 6–8 ore

Difficoltà: ●●●●●

Impegno fisico: ●●●●●

Uphill: ●●●●○

Downhill: ●●●○○

Periodo: giugno–ottobre

Accesso stradale:
A) Autostrada A22 del Brennero, uscita Chiusa, Pontives, Ortisei
B) Autostrada A22 del Brennero, uscita Bolzano Nord, Ponte Gardena, Ortisei
C) Val Badia, Passo Gardena, Ortisei

Val Duron

Uno dei massicci più noti delle Dolomiti è di certo quello del Sassolungo. La veduta panoramica che abbraccia il Sassolungo con i suoi 3181 m di altitudine, il Massiccio del Sella a est e il Catinaccio a sudovest s'imprime letteralmente nella memoria.

Nessuna meraviglia che questo itinerario sia un "must" per i biker dolomitici. Temprati a ogni fatica e capaci di percorrere con tecnica sopraffina i single trails? Allora nulla impedirà di godere appieno questo giro che presenta ben 1600 m di dislivello.

Descrizione itinerario

❶ partiamo dal campo sportivo di Selva Gardena e procediamo sulla strada che porta al Passo Gardena fino alla stazione a valle della Funivia Piz Sella ❷ 1800 m. Da qui prendiamo la ripida strada sterrata (N. 657) che sale a Malga del Sella ❸ 2110 m, andiamo avanti in direzione del Passo Sella fino al Rifugio omonimo ❹ 2170 m e da qui (impegnativo single trail) raggiungiamo il vicino Rif. Valentini ❺ 2220 m. Quindi prima discesa del tour verso la Baita Crepes del Sella ❻ fino alla strada asfaltata; proseguiamo per l'Albergo Lupo Bianco e, dopo ca. 100 m, svoltiamo a gomito a destra ❼ sul trail N. 655, su cui scendiamo fino a Canazei. Attraversiamo il paese fino alla piscina coperta "Dolaonda" ❽ 1440 m, proseguiamo sulla ciclabile fino alla staz. a valle della Funvia Col Rodella ❾ 1410 m, attraversiamo Campitello di Fassa, seguiamo la segnaletica del percorso per MTB N. 210/211 che si snoda in Val Duron, superiamo la ripida forestale che porta alla Baita Freines ❿ 1610 m e al Rifugio Micheluzzi ⓫ 1860 m. Ora percorriamo ancora qualche chilometro in moderata salita lungo la pittoresca Val Duron, passiamo davanti alla Baita Lino Brach ⓬ e affrontiamo l'ultima erta fino al Passo di Duron ⓭ 2200 m. Da qui scendiamo fino all'incrocio presso la Chiesetta Dialer ⓮; ora andiamo a destra percorrendo il bel sentiero panoramico N. 7 in direzione del Rif. Zallinger; a Malga Tomaseth ci aspetta una breve discesa e al bivio ⓯ saliamo a destra fino al Rif. Zallinger ⓰ 2050 m. Ancora 50 m di dislivello e siamo alla sella; poi scendiamo a valle lungo la forestale un po' sconnessa N. 531 fino al bivio con fermata dell'autobus ⓱ 1820 m. Poi andiamo a destra verso valle in direzione di Ortisei lungo la via N. 30 fino a Monte Pana ⓲ 1630 m, scendiamo a sinistra in direzione di Selva Gardena lungo il trail N. 30, attraversiamo la Via Monte Pana ⓳ e andiamo avanti sul trail fino alla Casa delle Associazioni di Selva ⓴ 1550 m. Costeggiamo il torrente verso monte fino al ponte ㉑, lo attraversiamo, proseguiamo sulla strada del Passo Gardena per ca. 300 m, andiamo brevemente a sinistra in direzione Dantercepies e, svoltati a destra sulla ciclabile ㉒, torniamo al punto di partenza, a Selva Gardena.

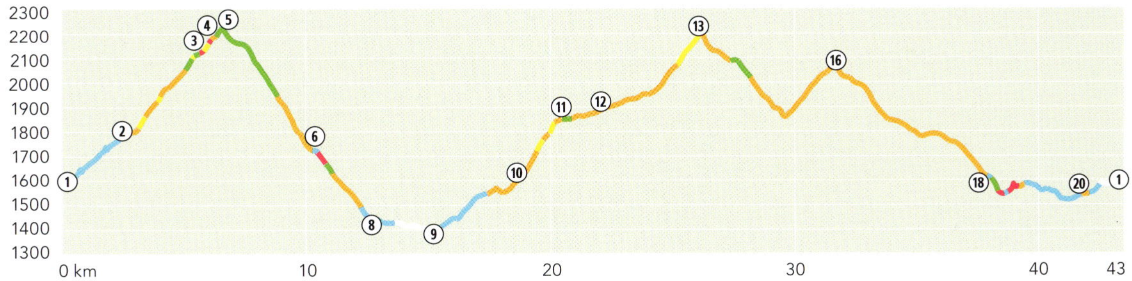

asfalto	pista ciclabile	strada forestale	bosco/prato	single trail	bici a spinta
23 %	6 %	52 %	8 %	6 %	5 %

Ulteriore materiale cartografico per il tour: vedi a pagina 5

9 GIRO DELLA VAL GARDENA

Partenza e arrivo:
Ortisei/Val Gardena, 1250 m

Punto più elevato:
Selva Gardena, 1600 m

Lunghezza percorso: 18 km

Dislivello in salita: 460 m

Dislivello in discesa: 460 m

Tempo percorrenza: 2½–3½ ore

Difficoltà: ●●○○○

Impegno fisico: ●●○○○

Uphill: ●○○○○

Downhill: ●○○○○

Periodo: maggio–ottobre

Accesso stradale:
A) Autostrada A22 del Brennero, uscita Chiusa, Pontives, Ortisei
B) Autostrada A22 del Brennero, uscita Bolzano Nord, Ponte Gardena, Ortisei
C) Val Badia, Passo Gardena, Ortisei

Ortisei

Questo tour si snoda attraverso le tre principali località della Val Gardena: Ortisei, S. Cristina e Selva. Anche i biker alle prime armi lungo questo itinerario potranno godere, senza troppa fatica, delle bellezze paesaggistiche delle Dolomiti gardenesi. Si può partire da ciascuno dei tre paesi.

L'ideale senso di percorrenza del tracciato è quello orario; si viaggia su strade in massima parte secondarie e poco trafficate, costeggiando il Rio Gardena e in parte lungo il vecchio tracciato della ferrovia. Chi vuole può sfruttare le varie possibilità che, lungo il percorso, si offrono per fare qualche sosta ristoratrice. In alta stagione la zona pullula di escursionisti.

Descrizione itinerario

❶ 1250 m, partenza da Ortisei, all'infopoint turistico andiamo verso destra alla chiesa e proseguiamo lungo il vecchio tracciato della ferrovia ❷; alla rotatoria ❸ attraversiamo la strada per il Passo Gardena, proseguendo lungo il tracciato ferroviario in direzione di S. Cristina. Al bivio ❹ saliamo in ripida pendenza, percorriamo la "Passeggiata Luis Trenker" (passaggio con bici spinta a mano) fino alla chiesa parrocchiale di S. Cristina, scendiamo fino allo sbocco nella strada per il Passo Gardena ❺, lasciamo la stessa dopo ca. 100 m all'incrocio ❻ 1390 m, scendiamo fino alla staz. a valle della Funivia Monte Pana ❼ e andiamo avanti fino all'arrivo della "Saslonch" ❽. Quindi saliamo per un breve tratto fino alla strada per il Passo Gardena ❾, proseguiamo a destra addentrandoci in valle fino alla rotatoria ❿, attraversiamo il sottopasso e continuiamo a pedalare sulla strada accanto al rio; alla casa con fienile ⓫ proseguiamo diritti fino al ponte ⓬ 1480 m, saliamo leggermente a sinistra in direzione della strada, la attraversiamo per seguire il vecchio tracciato della ferrovia ⓭ in direzione di Selva Gardena. Ora percorriamo la ciclabile ⓮ che corre sopra Selva fino alla fine dell'abitato ⓯, scendiamo a destra verso valle fino all'Associazione Turistica di Selva (1560 m), attraversiamo il ponte ⓰ sul Rio Gardena e, stando sulla strada che costeggia il rio a sinistra, andiamo fino alla Casa delle Associazioni ⓱ 1550 m. Da qui saliamo brevemente a sinistra fino al bivio ⓲, a destra cartello indicatore Pozza N. 22a, (breve single trail), procediamo lungo la strada che costeggia il rio fino alla rotatoria ❿ prima di S. Cristina, attraversiamo il paese lungo la strada principale, 800 m dopo l'uscita dal paese svoltiamo a sinistra nella Strada Rives ⓳ e la percorriamo fino al rio, passiamo sul ponte ⓴ 1320 m e, alti sopra la valle, andiamo in direzione di Ortisei lungo la via N. 18, scendendo poi fino al Rio Gardena; da qui andiamo al sovrappasso pedonale ㉒ che ci porta nel centro di Ortisei.

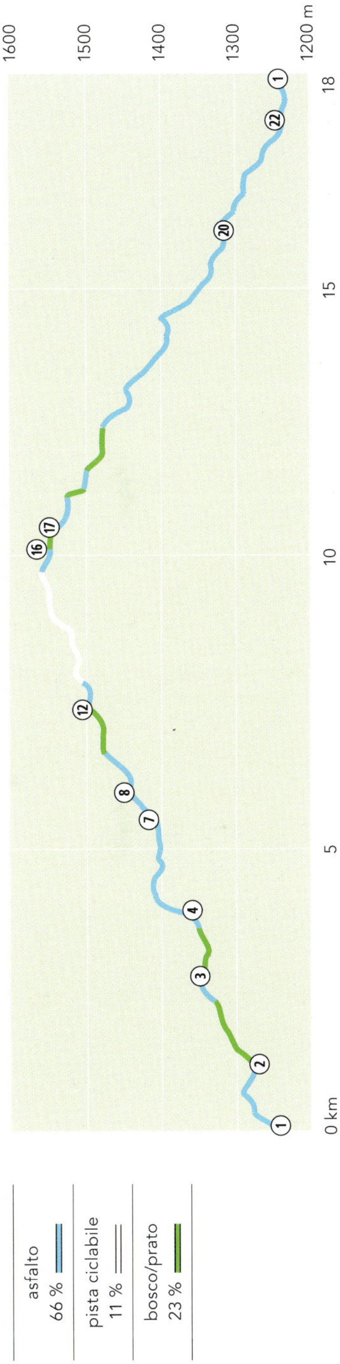

Ulteriore materiale cartografico per il tour: vedi a pagina 5

10 TOUR PANORAMICO DELL'ALPE DI SIUSI

Partenza e arrivo:
Stazione a valle Cabinovia Alpe di Siusi, 1230 m

Punto più elevato:
Stazione a monte, 1980 m

Lunghezza percorso: 29 km

Dislivello in salita: 990 m (di cui 750 m con cabinovia)

Dislivello in discesa: 990 m

Tempo percorrenza: 3–4 ore

Difficoltà: ●●●●●

Impegno fisico: ●●●●●

Uphill: ●●●●●

Downhill: ●●●●●

Periodo: giugno–ottobre

Accesso stradale:
A) Autostrada A22 del Brennero, uscita Chiusa, Pontives, Ortisei
B) Autostrada A 22 del Brennero, uscita Bolzano Nord, Ponte Gardena, Ortisei
C) Val Badia, Passo Gardena, Ortisei

Cima Santner

Per gli assi della MTB sarebbe certo quasi umiliante. Tutti gli altri invece sfruttano la cabinovia per superare i primi 750 m di dislivello che li separano dalla più vasta alpe d'Europa.

Arrivati su in cima a molti la prima parola che sfuggirà dalle labbra sarà un "wow" di meraviglia. Sassolungo, Sassopiatto, Denti di Terrarossa, Gruppo del Sella e Odle si presentano come quintessenza dell'universo alpino dolomitico. E quanto sull'alpe si vede e intuisce relativamente a tracciati e trail non va deluso. Il cuore del biker non esulta invano. Il divertimento è assicurato! Per assecondare le esigenze del corpo, poco prima di Selva, c'è una caratteristica baita con vista sulla Val Gardena: "L'Muliné".

Descrizione itinerario

Si parte da Ortisei con la cabinovia "Alpe di Siusi" ❶ 1230 m: i primi 750 m di dislivello si superano con l'impianto a fune. Dalla staz. a monte ❷ 1980 m scendiamo fino a Malga Schgaguler e, sulla via N. 6, raggiungiamo la strada per Compaccio ❸ 1870 m. Da qui andiamo a sinistra in moderata discesa, passando per Malga Ritsch, fino a Saltria ❹ 1700 m. Passiamo sul ponte e saliamo per 150 facili metri di dislivello lungo la via N. 30, poi scendiamo in direzione di S. Cristina fino a Monte Pana ❺ 1630 m; a sinistra entriamo in un single trail e dopo 400 m ca. scendiamo a destra lungo la via N. 30b fino alla strada per Monte Pana ❻; la attraversiamo e proseguiamo verso l'interno della valle in direzione di Selva (breve passaggio bici a mano); al bivio ❼ 1660 m andiamo in direzione di La Selva, scendiamo fino alla Casa delle Associazioni di Selva ❽ 1550 m e, a destra del Rio Gardena, andiamo fino al ponte ❾. Lo attraversiamo e percorriamo la strada del Passo Gardena verso monte per un centinaio di metri, svoltiamo a sinistra in direzione della Funivia Dantercepies e scendiamo per 2 km al di sopra di Selva verso l'uscita della valle. In località La Poza scendiamo al Rio Gardena, passiamo sul ponte ❿ 1500 m e, sull'altro lato della valle, seguiamo l'indicazione per il "Castello di S. Cristina/Fischburg", proseguiamo in direzione di Ortisei ⓫, passiamo per il sottopassaggio della strada statale e poco prima di S. Cristina scendiamo a sinistra alla zona di arrivo della Sasslonch; da qui andiamo avanti fino alla stazione a valle della Funivia Monte Pana ⓬ 1400 m, costeggiamo il Rio Gardena fino al ponte ⓭ 1320 m, lo attraversiamo e, lungo la via N. 18, alti sopra la valle, torniamo a Ortisei, alla stazione a valle della Cabinovia Alpe di Siusi.

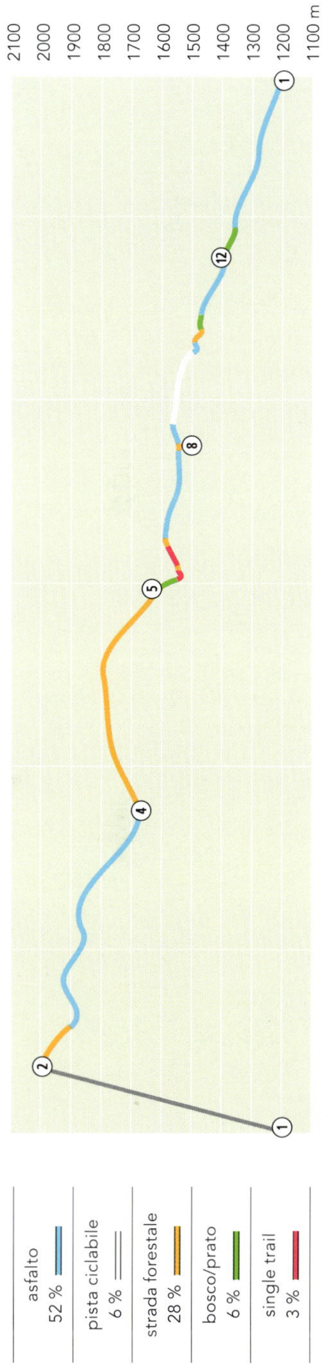

Ulteriore materiale cartografico per il tour: vedi a pagina 5

11 TRODENA–LAGO DI STRAMENTIZZO–MALGA KRABES

Partenza e arrivo: Trodena (Centro V. Parco Naturale), 1150 m

Punto più elevato: Malga Krabes, 1540 m

Lunghezza percorso: 34 km

Dislivello in salita: 1000 m

Dislivello in discesa: 1000 m

Tempo percorrenza: 4–4½ ore

Difficoltà: ●●●●●

Impegno fisico: ●●●●●

Uphill: ●●●●●

Downhill: ●●●●●

Periodo: maggio–ottobre

Accesso stradale:
A) Autostrada A22 del Brennero, uscita Egna, Val di Fiemme, Trodena
B) Passando per la Val di Fassa/ Val di Fiemme, S. Lugano, Trodena

Anterivo

Al margine della zona dolomitica, tra i Monti Fiemmesi, su un rilievo tra la Bassa Atesina e le Valli di Fiemme e di Cembra, si estende il Parco Naturale Monte Corno, ancora poco noto al di fuori dei confini dell'Alto Adige. Per tal motivo questo itinerario si svolge in relativa solitudine.

Molto vario è il contesto paesaggistico con vista su Valle dell'Adige, Corno Nero, canyon del Bletterbach presso Aldino profondo 700 m (patrimonio dell'umanità UNESCO), o sulla Catena di Lagorai e le Pale di S. Martino più a est. Fatta eccezione per i single trail dopo il Passo Cisa, il percorso si snoda in massima parte lungo strade forestali. A S. Lugano ha inizio una lunga discesa verso Molina. Il paesino si trova già nella vicina Provincia di Trento, all'imbocco della Val di Fiemme. Al Lago di Stramentizzo è opportuno fare una sosta prima di affrontare il lungo uphill che, in 700 m di dislivello, porta al Passo Cisa. Ad Anterivo c'è una rarità: il "chicco di caffè". Nulla che vedere con i veri chicchi di caffè: si tratta invece di una particolare varietà di lupino che, mescolato con grano o orzo, viene usato per produrre una bevanda simile al caffè.
Un po' al di sopra del Passo Cisa, sul punto più elevato, c'è possibilità di ricostituire le riserve d'energia alla "Malghette" (Malga Krabes). Non che ce ne sia bisogno per la via del ritorno, ma dopo ci si sente meglio.

Descrizione itinerario

Partiamo dal Centro Visite del Parco Naturale, situato a Trodena in un vecchio mulino restaurato ❶ 1150 m. Torniamo indietro lungo la strada provinciale fino all'innesto nel vecchio tracciato della ferrovia (dismessa) della Val di Fiemme ❷, percorriamo lo stesso in direzione sud fino a S. Lugano ❸ 1090 m, passiamo davanti alla vecchia stazione e scendiamo per la via N. 50 fino alla località di Aguai ❹ 970 m. Andiamo avanti diritti ❺ in direzione di Molina, attraversiamo il paese ❻ 800 m, saliamo per ca. 700 m lungo la via N. 49 in direzione del Lago di Stramentizzo, poi proseguiamo verso Anterivo lungo la via N. 8, passiamo dinanzi al Maso Langes ❼ e ci portiamo ad Anterivo ❽ 1210 m. Ora sulla via N. 3 continuiamo a salire fino al Passo Cisa ❾ 1440 m e, su un bel trail, andiamo in direzione sud (via N. 9) fino a Malga Krabes (Le Malghette, punto di ristoro) ❿ 1540 m. Proseguiamo passando davanti ai Masi Zaier e Battiston, breve passaggio con bici spinta a mano, superiamo il cocuzzolo "Il Romito", e riscendiamo a Trodena lungo belle forestali.

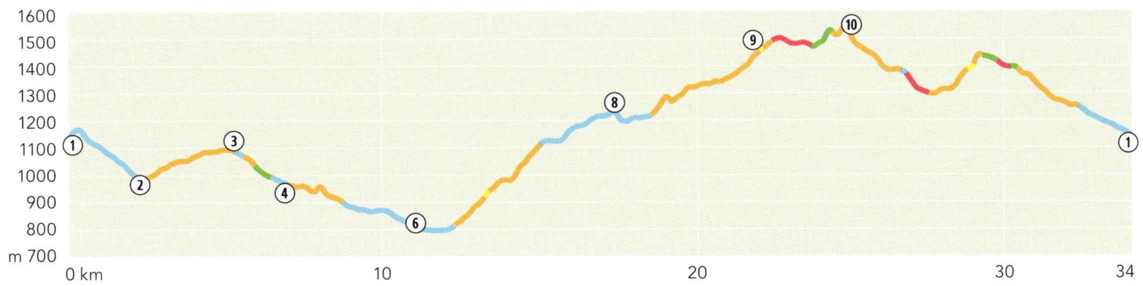

asfalto	strada forestale	bosco/prato	single trail	bici a spinta
36 %	50 %	6 %	7 %	1 %

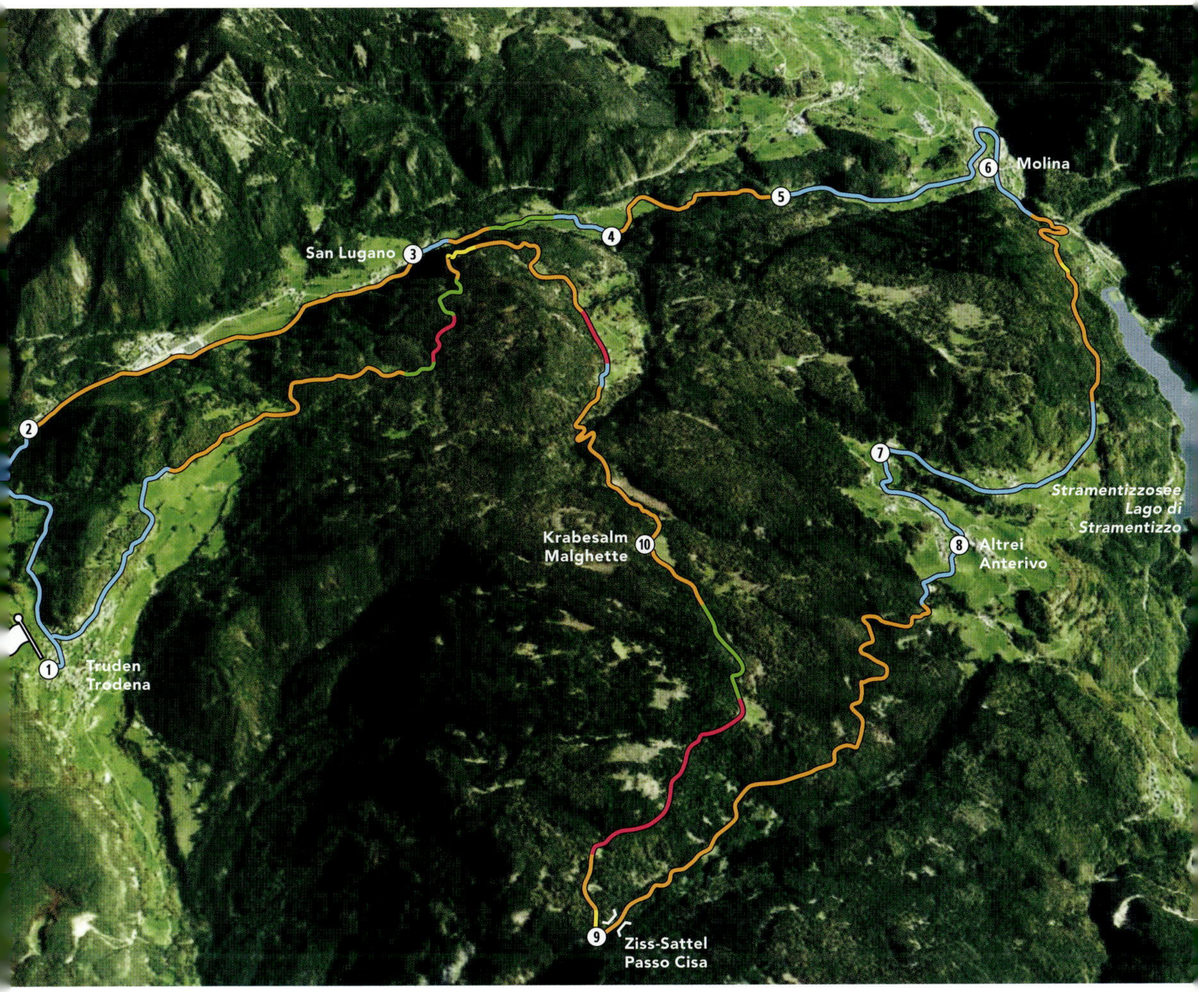

Ulteriore materiale cartografico per il tour: vedi a pagina 5

12 ANTERIVO–MALGA MONTE CORNO–ANTERIVO

Partenza e arrivo:
Anterivo, piazza del paese, 1210 m

Punto più elevato:
Malga Monte Corno, 1715 m

Lunghezza percorso: 14 km

Dislivello in salita: 530 m

Dislivello in discesa: 530 m

Tempo percorrenza: 2–2½ ore

Difficoltà: ●●●●●

Impegno fisico: ●●●●●

Uphill: ●●●●●

Downhill: ●●●●●

Periodo: maggio–ottobre

Accesso stradale:
A) Autostrada A22 del Brennero, uscita Egna, Passo S. Lugano, Anterivo
B) Dalla Val di Fiemme a Passo S. Lugano e da qui ad Anterivo

Anterivo è un paesino di montagna sul lato sudorientale del Monte Regolo, affacciato sulla Valle di Fiemme, direttamente sul confine linguistico italo-tedesco. In questo semplice itinerario si viaggia come su una terrazza soleggiata, lontani da stress e rumore.

Il tracciato non presenta difficoltà degne di nota ed è quindi molto adatto sia ai principianti che alle E-bikes. Ben contrassegnato come "percorso per MTB N. 8 Anterivo-M.ga Monte Corno" il tracciato si sviluppa prevalentemente su strade forestali. Valicando il Passo Cisa si arriva alla Malga Monte Corno; prima di intraprendere il viaggio di ritorno è opportuno farvi una sosta ristoratrice. La vista si apre lungo due assi: il primo va dalla Val di Fiemme fino alle Pale di S. Martino, il secondo al Corno Bianco e Corno Nero in prossimità del Catinaccio. Poco prima di Anterivo si può approfittare di un percorso Kneipp per fare un rilassante bagno ai piedi.

Descrizione itinerario

Da Anterivo ❶ 1210 m partiamo in leggera discesa, passiamo dinanzi all'Hotel Waldheim e alla diramazione ❻ andiamo a sinistra fino a Prà dal Manz ❷ 1190 m. Proseguiamo verso monte lungo il percorso per MTB N. 8 fino al Passo Cisa ❹ 1440 m e da qui verso sinistra superiamo gli ultimi 300 m di dislivello che ci separano da Malga Monte Corno ❺ 1715 m (punto di ristoro e ritorno dell'itinerario). Scendiamo nuovamente al Passo Cisa, dopo 500 m al bivio ❸ 1420 m andiamo a sinistra in direzione di Anterivo fino allo sbocco ❻ nella via di andata, lungo cui torniamo al punto di partenza in paese.

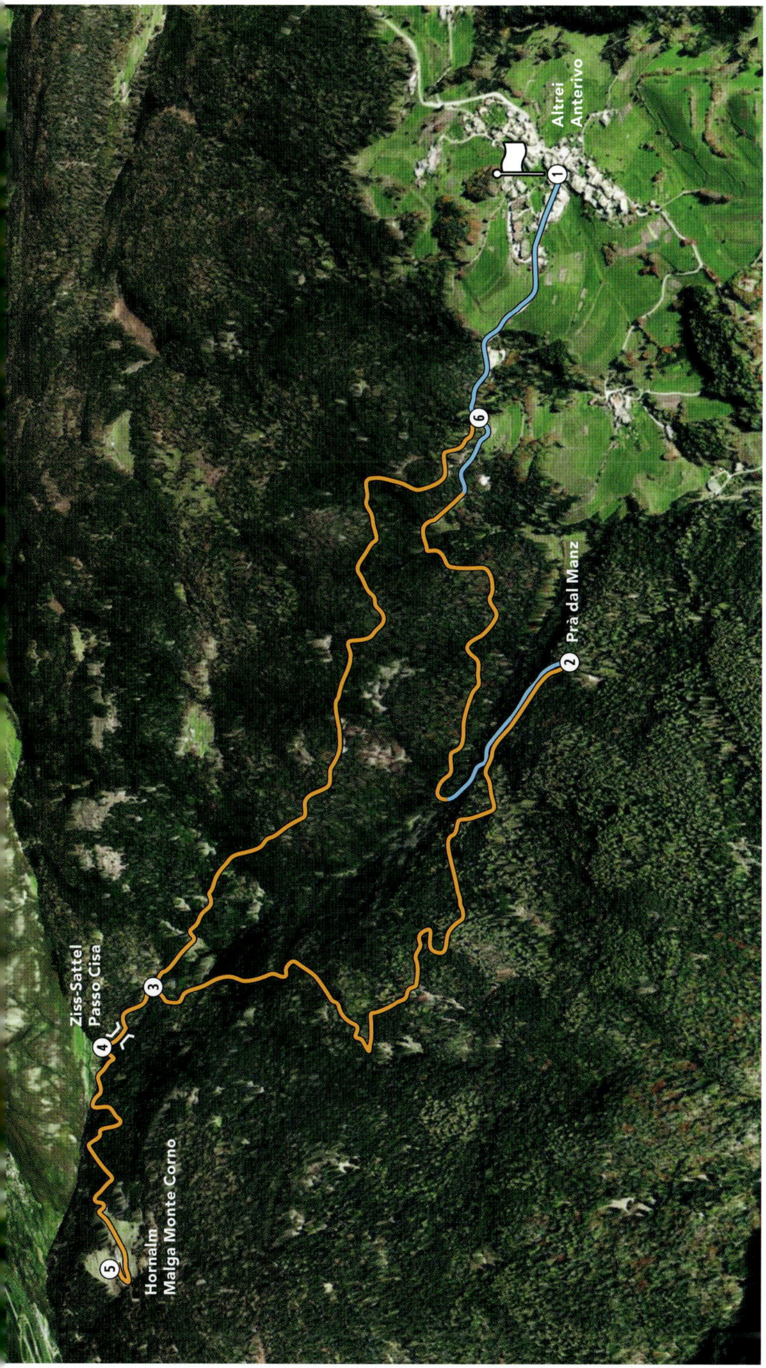

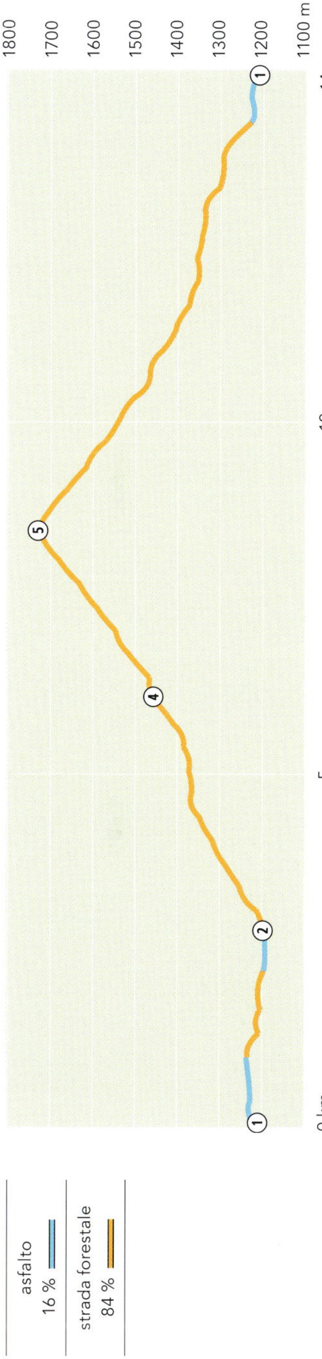

Ulteriore materiale cartografico per il tour: vedi a pagina 5

13 OBEREGGEN–PASSO LAVAZÈ–PASSO DI OCLINI

Partenza e arrivo:
Obereggen, staz. a valle funivie, 1550 m

Punto più elevato:
Passo di Oclini, Alta Via N. 1, 2020 m

Lunghezza percorso: 37 km

Dislivello in salita: 1150 m

Dislivello in discesa: 1150 m

Tempo percorrenza: 3 ½–4 ore

Difficoltà: ●●●○○

Impegno fisico: ●●●●○

Uphill: ●●●○○

Downhill: ●●○○○

Periodo: giugno–ottobre

Accesso stradale:
Autostrada A 22 del Brennero, uscita Bolzano Nord, Val d'Ega, Obereggen

Il Monte Regolo è un altopiano a 1350 m di altitudine. Per quanto il panorama sia dominato dai vicino gruppi del Latemar e del Catinaccio esso fa già parte dei Monti della Val di Fiemme.

La vista panoramica più bella sull'intera zona si gode dal Passo di Oclini. Di fronte svettano come allineati il Latemar, il Catinaccio e lo Sciliar. Quasi ci si scorda di trovarsi tra le due cime gemelle del Corno Bianco e Corno Nero. In un paesaggio del genere l'unica cosa che può temperare l'entusiasmo è il maltempo. Inoltre questo itinerario offre tutto ciò che può desiderare un biker: trail, boschi ombrosi, ameni prati alpini, caratteristici ristori in cui far tappa e molta tranquillità. Dal punto di vista tecnico non vi sono particolari difficoltà da superare. La lunghezza e il dislivello del percorso sono elequenti anche per quanto riguarda il livello di prestazione fisica richiesto. Il tracciato andrebbe percorso in senso orario.

Descrizione itinerario

Partiamo dalla staz. a valle degli impianti di risalita di Obereggen ❶ 1550 m, salendo su strada asfaltata (d'inverno pista slittini) fino a Malga Epircher-Laner ❷ 1830 m; alla sbarra scendiamo a destra verso la Baita Absam e da qui proseguiamo fino allo sbocco nella SS 620 ❸ 1570 m. Saliamo a sinistra lungo la strada del Passo Lavazè fino al valico ❹ 1810 m; poi prendiamo la via N. 7 e ci portiamo al Passo di Oclini ❺ 1990 m. Dal passo andiamo avanti in direzione nordovest lungo la via N. 1 scendendo su fondo un po' accidentato verso la Capanna Nuova e, alla fine della discesa, dopo il punto ❻ svoltiamo a destra e procediamo in piano lungo la bella forestale fino alla Malga d'Ora ❼ 1870 m. Dalla malga scendiamo per ca. 400 m e prendiamo a destra la via N. 2 ❽, passiamo davanti al biotopo d'Ora e raggiungiamo il Passo Lavazè ❹. Lasciamo alle spalle l'Hotel al Lago e proseguiamo in direzione nord sulla via N. 9 fino a Malga Lieg ❾ 1750 m. Torniamo indietro di 300 m lungo la strada per la malga e scendiamo in ripida pendenza per la Valle del Rio Nero fino allo sbocco nella strada provinciale per Nova Ponente ❿ 1250 m. Scendiamo a destra e all'Hotel Schwarzenbach ⓫ svoltiamo di nuovo a destra imboccando la via N. 8 in direzione di Novale; stando a sinistra proseguiamo fino all'innesto nella SS 620 ⓬ 1290 m, la attraversiamo e superiamo gli ultimi metri di dislivello in ripida salita fino a Obereggen.

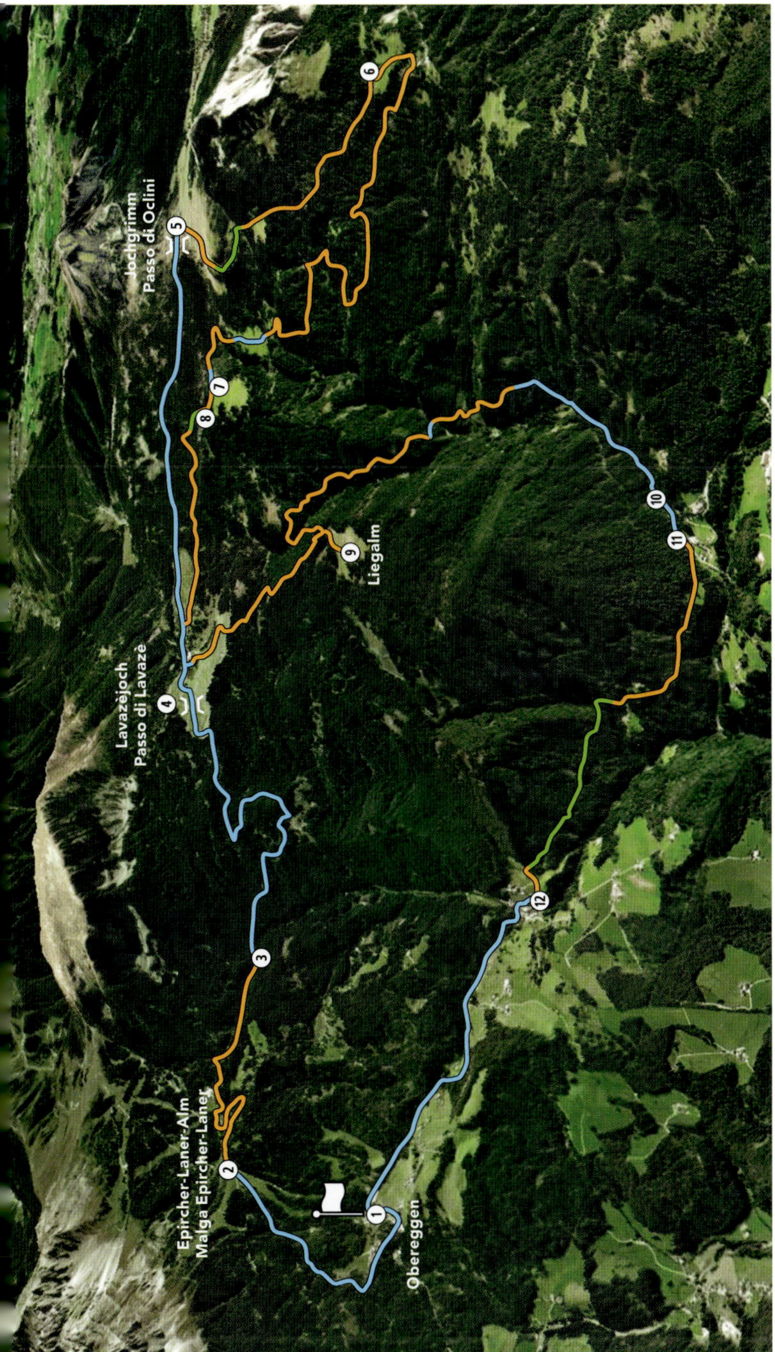

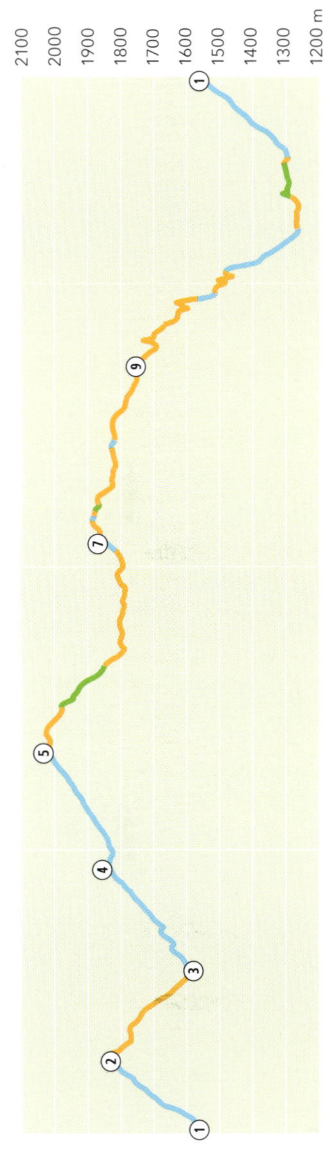

asfalto
42 %

strada forestale
50 %

bosco/prato
8 %

Ulteriore materiale cartografico per il tour: vedi a pagina 5

14 GIRO DEL LAGO DI CAREZZA

Partenza e arrivo:
S. Valentino in Campo di Sopra, Albergo Lärchenwald, 1290 m

Punto più elevato:
Malga Frommer, 1740 m

Lunghezza percorso: 38 km

Dislivello in salita: 980 m

Dislivello in discesa: 980 m

Tempo percorrenza: 4–5 ore

Difficoltà: ●●●●○

Impegno fisico: ●●●●○

Uphill: ●●●○○

Downhill: ●●●○○

Periodo: giugno–ottobre

Accesso stradale:
Autostrada A22 del Brennero, uscita Bolzano Nord, Val d'Ega, S. Valentino in C. di Sopra

Sullo sfondo la Pala di Santa

È ritenuto uno dei più belli dell'arco alpino, il Lago di Carezza, a cui fanno da sfondo le cime del Latemar e del Catinaccio. Il giro del lago andrebbe fatto o al mattino presto o nel tardo pomeriggio perché solo nelle ore mattutine e di sera si può godere lo specchio d'acqua in relativa solitudine.

E allora l'atmosfera si fa quasi intima. Il maestoso Latemar si specchia nel laghetto smeraldino, nel bosco si raccolgono gli uccelli e l'altitudine alpina del luogo dona piacevole frescura alle accaldate gambe del biker, ben messe sotto pressione. Certo, la Val d'Ega è percorsa da una estesa rete di forestali e sentieri escursionistici; ma i numerosi single trail sono tosti.
Non scordarsi assolutamente a casa la macchina fotografica! Con tutti i motivi che si presentano a ripetizione lungo il percorso poi ci si pentirebbe certo di non averla con sé. È parimenti consigliabile far tappa in uno dei molti curati punti di ristoro (malghe, alberghi, ecc.) lungo il tragitto, che in genere offrono una bella vista panoramica sul Catinaccio e dintorni.

Descrizione itinerario

Partiamo dall'Albergo Lärchenwald ❶ 1290 m e saliamo su strada asfaltata fino al Waldpeter ❷, proseguiamo lungo la via N. 1, bella strada forestale fino alla Fossa del Lupo ❸ 1490 m. Qui andiamo a sinistra in leggera salita, passiamo per il Maso Schiller ❹ 1550 m e, sempre in moderata pendenza, raggiungiamo il Passo Nigra ❺ 1680 m. Da qui proseguiamo a destra, su una bella strada panoramica passiamo davanti a Malga Frommer ❻ 1740 m e arriviamo fino all'incrocio poco sotto il Passo Costalunga, ❼. Scendiamo a destra lungo la strada provinciale N. 241 fino al Lago di Carezza, avvolto da leggende ❽, 1550 m, costeggiamo lo specchio d'acqua e ci portiamo a sinistra sul pianeggiante Sentiero Tempel (N. 8, attenzione agli escursionisti!); dopo il Maso Geiger scendiamo in forte pendenza a Nova Levante, andiamo al centro del paese e al bivio ❾ 1150 m andiamo a sinistra alla Pensione Erna ❿ 1300 m. Ora risaliamo a destra in ripida pendenza il Vicolo Samer e proseguiamo lungo il tecnicamente impegnativo sentiero "Taufenweg" (breve passaggio con bici a spinta); gli ultimi chilometri fino all'albergo Lärchenwald li percorriamo lasciando scorrere la bici.

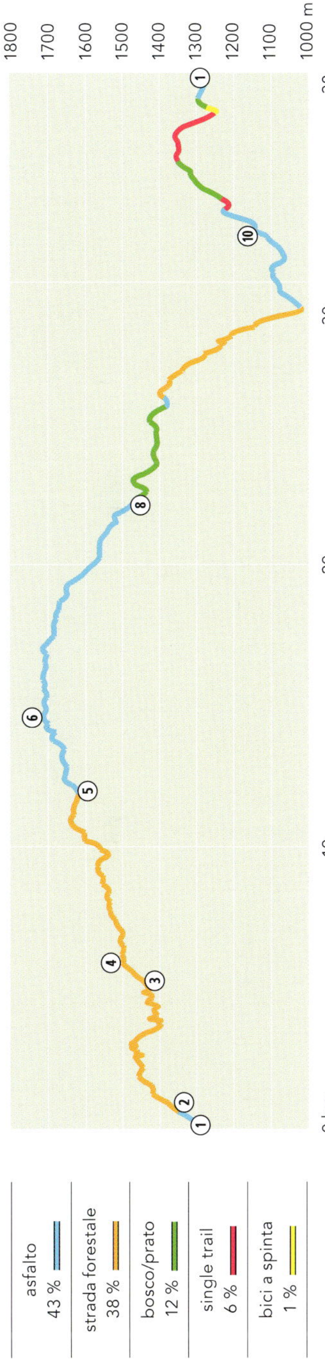

Ulteriore materiale cartografico per il tour: vedi a pagina 5

Sull'altopiano di Piz La Ila; sullo sfondo la Marmolada e il Gran Vernel

15 GIRO AL PASSO NIGRA

Partenza e arrivo: Collepietra, centro sportivo, 1200 m

Punto più elevato: Passo Nigra, 1680 m

Lunghezza percorso: 34 km

Dislivello in salita: 1150 m

Dislivello in discesa: 1150 m

Tempo percorrenza: ca. 4 ore

Difficoltà: ●●●●●

Impegno fisico: ●●●●●

Uphill: ●●●●●

Downhill: ●●●●●

Periodo: giugno–ottobre

Accesso stradale:
A) Autostrada A22 del Brennero, uscita Bolzano Nord, Prato Isarco, Collepietra
B) Val d'Ega, Collepietra

Collepietra si trova in una posizione invidiabile. In una direzione la vista spazia, in caso di tempo bello e terso, fino all'Ortles; nell'altra il Catinaccio e lo Sciliar pare di poterli toccar con mano. Il paesino di montagna giace a 820 m di altitudine su un cocuzzolo in zona Catinaccio-Latemar.

Da Collepietra si arriva al Passo Nigra, realizzato solo nel 1957, dopo una iniziale lunga e ripida discesa in valle di Tires. Chi qui comincia a pensare al dislivello da superare sulla via del ritorno ha le sue buone ragioni. Collepietra e il Passo Nigra hanno una cosa in comune: si trovano "in alto". Ciò detto, questo itinerario non è difficile. Sulle ampie forestali e su alcuni tratti asfaltati è un bel pedalare, anche se alla fine il contachilometri registra 1150 m di dislivello. Per chi ama l'architettura: poco dietro Tires sorge la chiesetta tardo romanica di S. Cipriano, risalente al 13° secolo. L'affresco esterno è del 17° secolo. Arrivati a Passo Nigra si sosta per così dire direttamente ai piedi del Catinaccio. Se si prosegue ancora per un tratto sulla strada del passo, dal bosco si passa ad un paesaggio aperto, con un bellissimo panorama. In lontananza si intravvede anche la conca di Bolzano.

Descrizione itinerario

Dal centro sportivo di Collepietra ❶ 1200 m (ca. 4 km da Collepietra) torniamo indietro per 500 m lungo la strada verso valle e seguiamo poi a destra il cartello indicatore per Tiers-Manötsch; prima del Maso Zwölfmalgut ❷ prendiamo a sinistra la via N. 9 per scendere fino al Maso Grödner ❸ 1000 m. Scendiamo ancora fino al Rio di Brie, lo attraversiamo e risaliamo in ripida pendenza la vecchia strada della valle ❹ fino a Tires ❺ 1020 m. Poi andiamo a S. Cipriano ❻ 1070 m, proseguiamo fino alla Haus Rosengarten ❼; lì svoltiamo a destra entrando in Valle Purgametsch, che percorriamo in ripida pendenza, inizialmente lungo la via N. 7 e poi 1A, fino al suo sbocco ❽ nella strada per il Passo Nigra. Proseguiamo a destra fino al punto più elevato dell'itinerario, il Passo Nigra ❾ 1680 m. Ora scendiamo sulla destra in Val di Nigra lungo la via 4B, bivio ❿, proseguiamo a destra fino a Malga Gletsch, risaliamo ancora per un breve tratto e scendiamo nuovamente ⓫ a destra fino al Maso Jocher ⓬ 1560 m. Proseguiamo verso monte fino a un capitello in pietra ⓭ 1490 m. Da qui prendiamo la via N. 4A e raggiungiamo Malga Hagner, sulla forestale N. 1 andiamo al Maso Schiller ⓮ 1550 m, in leggero saliscendi raggiungiamo la Fossa del Lupo ⓯ 1490 m, scendendo verso valle passiamo per il Waldpeter ⓰ e arriviamo all'Albergo Lärchenwald ⓱ 1290 m. Per tornare al centro sportivo di Collepietra prendiamo la strada asfaltata a destra.

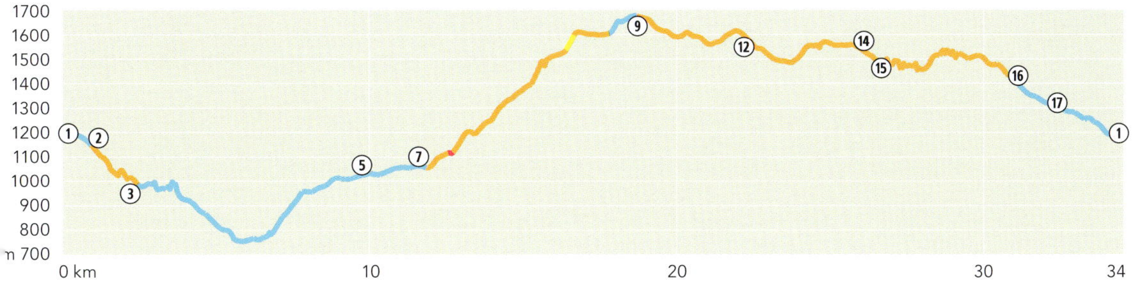

asfalto	strada forestale	single trail	bici a spinta
43 %	55 %	1 %	1 %

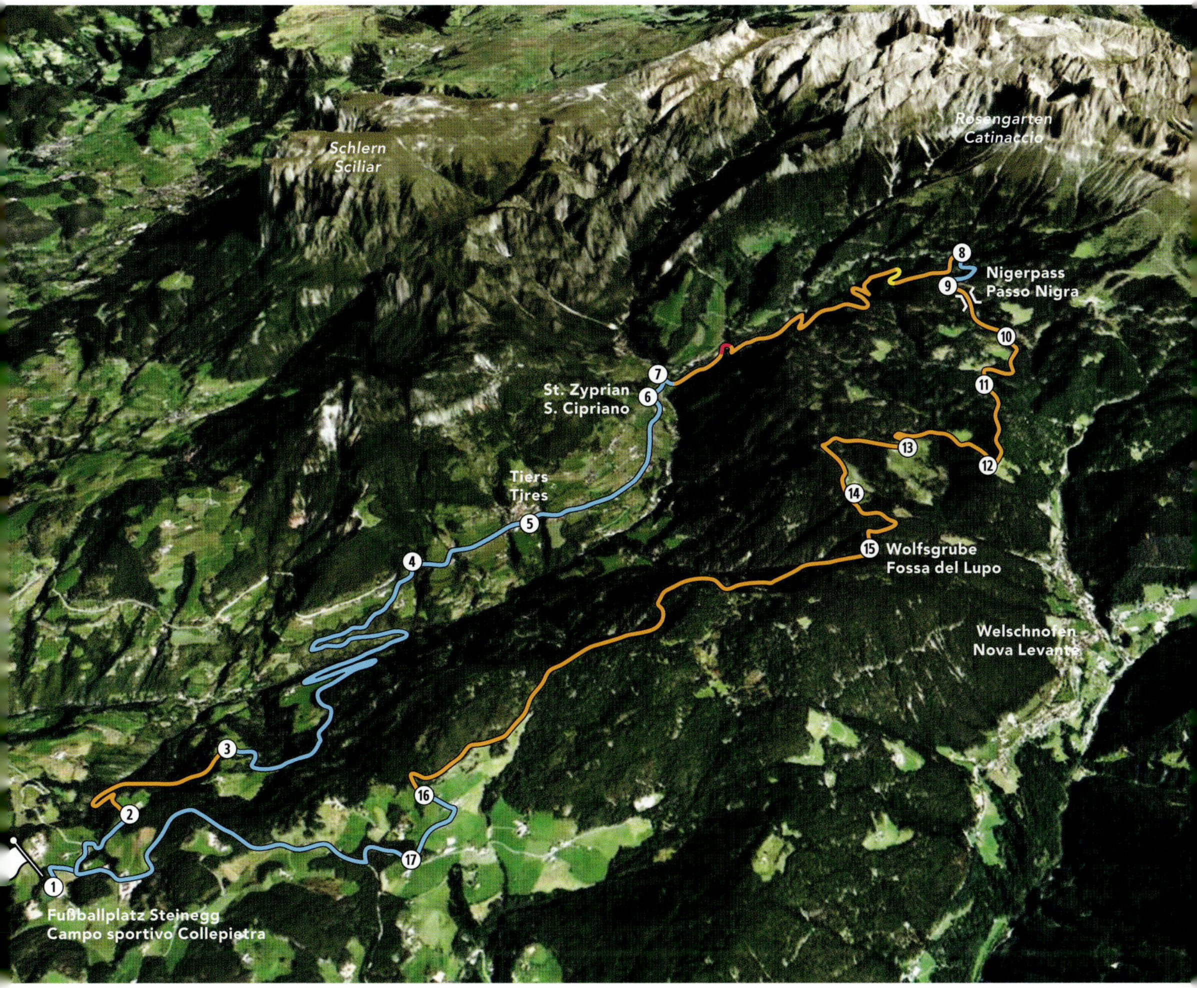

Ulteriore materiale cartografico per il tour: vedi a pagina 5

16 GIRO ALL'OSSERVATORIO ASTRONOMICO

Partenza e arrivo: Collepietra, Ufficio Turistico, 830 m

Punto più elevato: Gasthof Vajolet, 1380 m

Lunghezza percorso: 27 km

Dislivello in salita: 860 m

Dislivello in discesa: 860 m

Tempo percorrenza: 3½–4½ ore

Difficoltà: ●●●○○

Impegno fisico: ●●●○○

Uphill: ●●○○○

Downhill: ●●○○○

Periodo: maggio–ottobre

Accesso stradale:
A) Autostrada A22 del Brennero, uscita Bolzano Nord, Prato Isarco, Collepietra
B) Val d'Ega, Collepietra

Osservatorio Max Valier

"Lungo il Sentiero dei Pianeti lasciare sulla destra Marte e, dietro la curva, passare alla sinistra di Giove". Ciò che si legge come un roadbook per cosmonauti è unicamente un aiuto per orientarsi lungo il Sentiero dei Pianeti presso S. Valentino in Campo.

Lì si trova l'unico osservatorio astronomico dell'Alto Adige. Il Sentiero dei Pianeti è stato allestito allo scopo di dare una concreta idea delle proporzioni e distanze tra i corpi celesti del sistema solare e si articola tematicamente lungo la rete di sentieri escursionistici tra S. Valentino in Campo e Collepietra. A parte due brevi passaggi con bici spinta a mano, ci sono invitanti, variegati trail e idilliaci sentieri boschivi.

Descrizione itinerario

Da Collepietra ❶ 830 m andiamo lungo la strada provinciale 132 per 4 km fino all'incrocio ❷, da qui a destra in direzione del Centro Sportivo; poco prima ❸ iniziamo a scendere fino al "Kaserbild" (bella cappella) ❹ 1275 m. Proseguiamo in direzione di S. Valentino; allo sbocco ❺ andiamo a sinistra sempre in direzione di S. Valentino fino a quando incrociamo la strada provinciale N.132 ❻ 1290 m. Ora saliamo un po' verso monte e entriamo a sinistra nella strada ❼ che porta all'Albergo "Vajolet" ❽. Andiamo avanti fino al prossimo maso ❾ 1380 m e da qui svoltiamo a destra entrando nel Sentiero dei Pianeti (Marte e Giove) che percorriamo fino all'Osservatorio Astronomico ❿ 1320 m. Dall'Albergo Unteregger andiamo due volte a destra, seguiamo il segnavia "Kaserbild" ⓫, passiamo per il maso ⓬, seguiamo la segnaletica del Sentiero dei Pianeti fino all'incrocio ⓭, scendiamo a sinistra fino allo sbocco ⓮, prendiamo a destra il sentiero escursionistico, passiamo accanto al Tschiggermoos e proseguiamo fino al Kaserbild ❹; da qui seguiamo la strada in direzione di Cornedo, al bivio ⓯ andiamo a destra, inizialmente scendiamo in forte pendenza fino allo sbocco ⓰, poi andiamo a destra all'Aichner Stall ⓱ 1330 m, scendiamo per la forestale fino alla baita ⓲, ⓳ ci teniamo a sinistra fino alla diramazione ⓴; da qui a sinistra in lieve salita fino allo sbocco ㉑ e poi andiamo a destra al Maso Oberölgart ㉒ 1200 m. Percorriamo in discesa il single trail tra il maso e il fienile (passaggio con bici a mano!) fino alla strada ㉓, continuiamo a scendere verso destra fino al Maso Wieden (punto di ristoro aperto) ㉔ 930 m; dietro il maso seguiamo la segnaletica per Collepietra/Steinegg, saliscendi fino allo sbocco ㉕, proseguiamo sulla forestale fino al ponte ㉖ e in breve salita percorriamo gli ultimi metri che ci separano dal punto di partenza, a Collepietra.

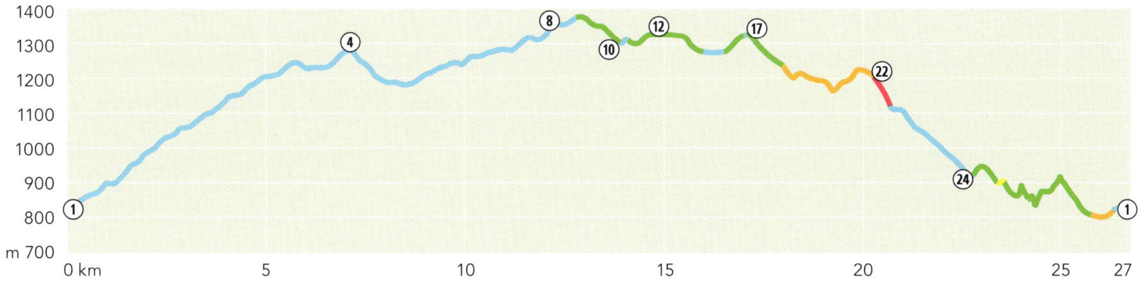

asfalto 57 %

strada forestale 11 %

bosco/prato 29 %

single trail 2 %

bici a spinta 1 %

Ulteriore materiale cartografico per il tour: vedi a pagina 5

17 NOVA PONENTE–MADONNA DI PIETRALBA

Partenza e arrivo:
Nova Ponente, 1360 m

Punto più elevato:
Passo di Oclini, 1990 m

Lunghezza percorso: 30 km

Dislivello in salita: 800 m

Dislivello in discesa: 800 m

Tempo percorrenza: 3½–4½ ore

Difficoltà: ●●●●●

Impegno fisico: ●●●●●

Uphill: ●●●●●

Downhill: ●●●●●

Periodo: maggio–ottobre

Accesso stradale:
A) Autostrada A22 del Brennero, uscita Bolzano Nord, Val d'Ega, Nova Ponente
B) Autostrada A22 del Brennero, uscita Egna, Val di Fiemme, Nova Ponente

Convento Madonna di Pietralba

"Ora et labora", prega e lavora. In verità questa regola deriva dall'Ordine dei Cistercensi; ma è sicuramente condivisa anche dai Frati Servi di Maria del Convento Madonna di Pietralba. Scendendo dal Passo di Oclini, poco prima dell'ultima malga si scorge a destra in lontananza il complesso conventuale. E viene involontariamente da dire che lì non dev'essere niente male vivere e pregare. Beh, e per combattere la noia, anche lavorare.

Il convento barocco, il più importante santuario dell'Alto Adige, giace a 1520 m di altitudine in una zona appartata vicino a Nova Ponente, sull'altopiano del Monte Regolo ed ospita religiosi dell'Ordine dei Frati Serviti. Per una questione di decoro non è possibile visitare all'interno il complesso in tenuta (sudaticcia) da mountainbike; ma già dall'esterno il santuario ha un notevole impatto visivo. Qualche anno fa la discesa dal Passo di Oclini al santuario avveniva lungo un meraviglioso sentiero di malga, oggi inghiaiato. La cosa non dispiace a escursionisti e biker alle prime armi. Magari così resta più a lungo impresso nella memoria anche il panorama da cartolina che si gode dal passo di Oclini.

Descrizione itinerario

Dal paese di ❶ Nova Ponente (1360 m) partiamo in direzione sud, costeggiamo la zona industriale, al ❷ bivio prendiamo la strada N. 1 e andiamo verso Malga Laab. Proseguiamo diritti lungo la ❸ forestale, continuiamo a viaggiare sulla ❹ strada N. 1 fino alla Capanna Nuova ❺ 1780 m. Da qui, lungo la strada N. 2, andiamo fino alla Malga d'Ora ❻ 1870 m, punto di ristoro aperto. Poi torniamo indietro 100 m sulla stessa strada e saliamo successivamente, lungo la ❼ via N. 9, fino alla strada che porta al Passo di Oclini ❽, svoltiamo a destra e ci portiamo al passo ❾ 1989 m; da qui andiamo in direzione est ❿ procedendo lungo il Sentiero Panoramico N. 1, costeggiamo il Corno Bianco fino alla biforcazione ⓫, lì andiamo a sinistra scendendo sulla via N. 5 in direzione Kösertal. Allo sbocco ⓬ proseguiamo a destra sulla strada N. 5 fino al successivo incrocio ⓭, da qui svoltiamo a destra sulla E5 seguendo la segnaletica per Madonna di Pietralba. Continuiamo a viaggiare in discesa su belle forestali, andiamo avanti sempre diritti ⓮, seguiamo il segnavia per Monte S. Pietro/Petersberg fino allo sbocco nella strada comunale ⓯. Qui svoltiamo a destra e raggiungiamo il Convento Madonna di Pietralba ⓰ 1520 m. Poi andiamo in direzione di S. Leonardo ⓱ e, sulla forestale, procediamo fino al bivio per S. Leonardo ⓲; seguiamo a destra il segnavia per Nova Ponente, affrontiamo una breve salita ⓳ e, pedalando sulla E5, torniamo a Nova Ponente, al punto di partenza.

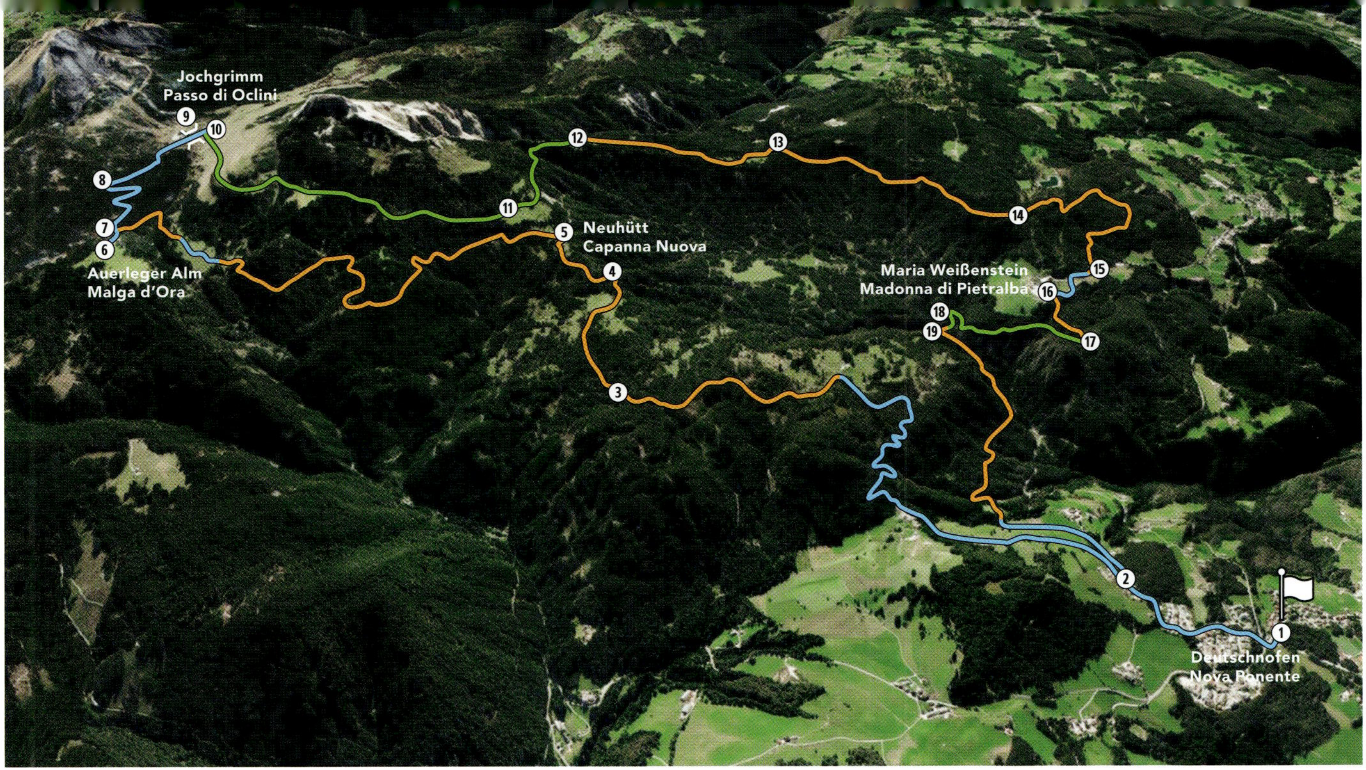

Ulteriore materiale cartografico per il tour: vedi a pagina 5

asfalto	27 %
strada forestale	55 %
bosco/prato	18 %

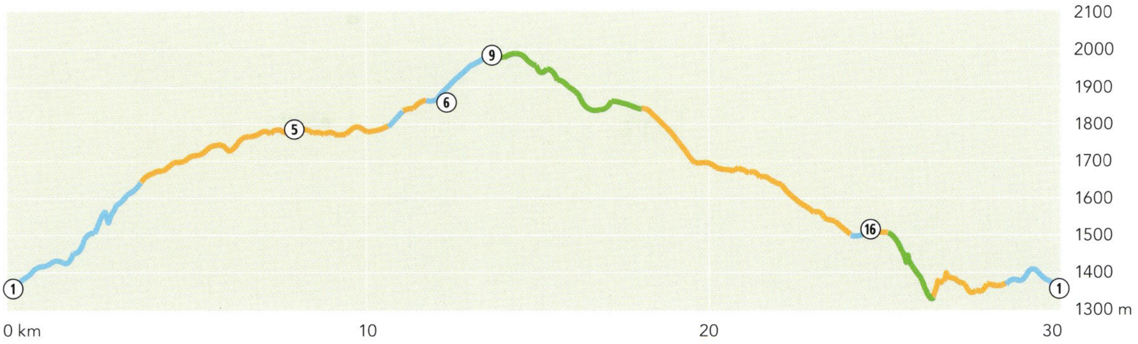

18 MOENA–PASSO S. PELLEGRINO–FUCIADE–MOENA

Partenza e arrivo:
Someda (Moena), 1250 m

Punto più elevato:
Rifugio Fuciade, 1972 m

Lunghezza percorso: 29 km

Dislivello in salita: 1050 m

Dislivello in discesa: 1050 m

Tempo percorrenza: 4–4 ½ ore

Difficoltà: ●●●○○

Impegno fisico: ●●●○○

Uphill: ●●○○○

Downhill: ●●○○○

Periodo: maggio–ottobre

Accesso stradale:
Val di Fassa, Moena, Someda

Conca di Fuciade

Il maggior centro della Val di Fassa, Moena, è contornato da importanti cime dolomitiche: Marmolada, Sella, Catinaccio, Gruppo dei Monzoni. Qui la natura effettivamente ha profuso il meglio. Per tal motivo i locali operatori turistici possono stare tranquilli.

Ovviamente il piccolo centro è anche polo d'attrazione per mountainbiker. La sola manifestazione ciclistica "Val di Fassa Bike" conta 4.500 partecipanti, che nella prova più dura sono chiamati a percorrere ben 65 km, con un dislivello complessivo di 2800 m. Al confronto questo itinerario è quasi una passeggiata. Tuttavia sarà bene non sottovalutare l'uphill attraverso la Val di S. Pellegrino fino all'omonimo passo, a 1920 m di altitudine. Da lì si può godere di una spettacolare vista sulle Pale di S. Martino, con svariati Tremila. Non meno spettacolare è, al punto di ritorno, il Rifugio Fuciade. Costruito all'inizio degli anni Sessanta da religiosi come punto di sosta e ristoro per escursionisti, dà oggi la possibilità a Sergio Rossi di preparare piatti d'alta cucina in un caratteristico ambiente da rifugio alpino. Anche la cantina si distingue per l'ampiezza dell'offerta (300 etichette). La cosa a tale quota di certo sorprende. Se e come dopo la sosta ristoratrice si sarà in grado di risalire nuovamente in sella alla due ruote è un problema che riguarda il singolo biker. Non sarà comunque facile.

Descrizione itinerario

Percorso MTB N. 204 (con segnaletica). Si parte da Someda ❶ 1250 m, a monte di Moena. Dall'hotel Someda il percorso arriva alla staz. a valle della ❷ Cabinovia Ronchi-Valbona e prosegue addentrandosi nella Valle di S. Pellegrino. Allo ❸ sbocco nella strada provinciale 346 attraversiamo la stessa ed entriamo a sinistra nella ❹ strada forestale. Saliamo costeggiando la riva destra del torrente, sempre diritti, ❺ proseguiamo fino alla ❻ Malga Negritella, entriamo sulla SP 346, passiamo per la Baita Alochet ❼ 1800 m e seguiamo la strada fino al ❽ Passo di S. Pellegrino (1920 m). Subito dopo il valico andiamo a sinistra seguendo il segnavia N. 607 fino alla ❾ diramazione e da qui percorriamo altri 300 m ca. fino al Rif. Fuciade ❿ 1972 m, punto di ritorno. Ripercorriamo la stessa strada fino al bivio ❾, scendiamo in ripida pendenza a sinistra fino a un piccolo ⓫ parcheggio, proseguiamo verso destra fino all'incontro con la strada per il Passo di S. Pellegrino ⓬, andiamo avanti ancora a destra salendo al valico. Da qui percorriamo ca. 9 km sulla strada provinciale 346 fino al ❸ bivio. Poi andiamo a destra fino a Someda lungo la via d'andata, tornando così al punto di partenza.

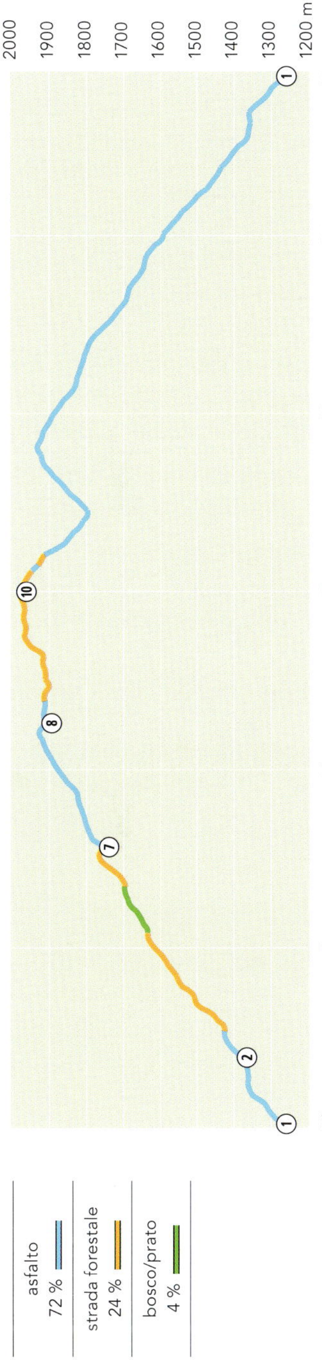

Ulteriore materiale cartografico per il tour: vedi a pagina 5

19 MOENA–PASSO COSTALUNGA–SORAGA–MOENA

Partenza e arrivo: Moena, 1130 m

Punto più elevato: Passo Costalunga, 1745 m

Lunghezza percorso: 20 km

Dislivello in salita: 750 m

Dislivello in discesa: 750 m

Tempo percorrenza: 2½–3 ore

Difficoltà: ●●●●●

Impegno fisico: ●●●●●

Uphill: ●●●●●

Downhill: ●●●●●

Periodo: maggio–ottobre

Accesso stradale:
A) Val di Fassa o Val di Fiemme, Moena
B) Val d'Ega, Passo Costalunga, Moena

Bello e facile! Questa in sintesi la valutazione di questo itinerario. Il Passo Costalunga (1745 m) tra il Gruppo del Latemar e il Catinaccio funge da valico di collegamento tra il Trentino e l'Alto Adige.

Nessuna meraviglia quindi che il Passo Costalunga appartenga ai "must" tra le mete ciclistiche dolomitiche. Da Moena l'uphill è certo assai ripido, ma affrontabile, soprattutto dato che al passo si fa una bella sosta per ammirare il panorama. Scendendo, strade forestali e un piccolo single trail portano alla frazione di Tamion, dove si trova il Ristorante "I Chimpl".

Descrizione itinerario

Percorso per MTB N. 203 (con segnaletica). Partiamo da Moena ❶ 1130 m dal grande parcheggio di "Navalge", davanti all'Info-Point, attraversiamo il torrente Avisio, proseguiamo fino al Municipio ❷, passiamo per alcuni vicoli e, in direzione ovest, seguiamo l'indicazione per Malga Roncac e il Passo Costalunga (segnavia N. 520) ❸ + ❹. Proseguiamo poi lungo la strada N. 519, sempre seguendo la segnaletica per il Passo Costalunga, e in ripida pendenza andiamo fino al suo sbocco ❺ nella SS 241. Qui andiamo a sinistra, superiamo il breve tratto che ci porta fino al Passo Costalunga ❻ 1745 m, meta della giornata e punto di ritorno. Ripartiamo in direzione est fino al bivio ❼ 1700 m, scendiamo a destra per la forestale, prima della baita di legno ❽ andiamo a sinistra sul single trail e poi proseguiamo sulla forestale fino a Tamion ❾ 1550 m. Qui c'è un punto di ristoro ideale: il Ristorante Gran Mugon/I Chimpl. Poi scendiamo in ripida pendenza alla località di Soraga ❿ 1220 m, passiamo davanti alla chiesa e andiamo verso valle fino al Garnì Aurora ⓫; infine svoltiamo a sinistra tornando al centro Moena, da cui siamo partiti.

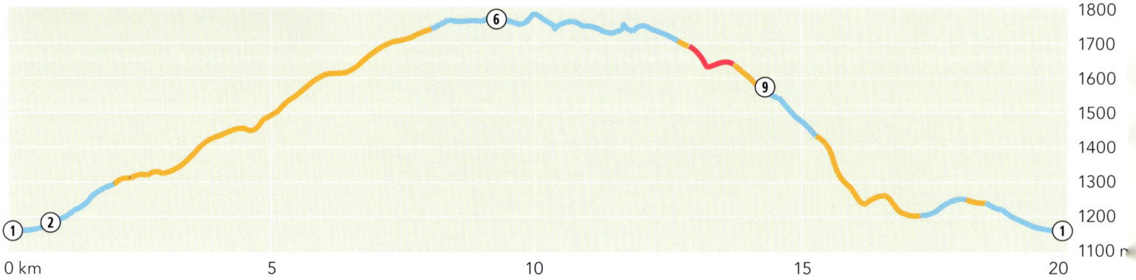

asfalto	strada forestale	single trail
50 %	46 %	4 %

Ulteriore materiale cartografico per il tour: vedi a pagina 5

20 POZZA–VAL MONZONI–VAL SAN NICOLÒ

Partenza e arrivo:
Pozza di Fassa, staz. a valle Cabinovia Buffaure, 1350 m

Punto più elevato:
Malga Monzoni, 1866 m
Baita alle Cascate, 1985 m

Lunghezza percorso: 21 km

Dislivello in salita: 970 m

Dislivello in discesa: 970 m

Tempo percorrenza: 2½–3½ ore

Difficoltà: ●●○○○

Impegno fisico: ●●●○○

Uphill: ●●○○○

Downhill: ●●○○○

Periodo: maggio–ottobre

Accesso stradale:
A) Val di Fassa o Val di Fiemme, Pozza di Fassa
B) Val d'Ega, Passo Costalunga, Pozza di Fassa

1000 m scarsi di dislivello distrbuiti su 21 km promettono un itinerario comodo, senza faticosi, lunghi trail. Unicamente il single trail lungo la discesa che sbocca in Val Nicolò richiede una tecnica adeguata.

Mentre la prima parte dell'itinerario si snoda su una forestale in Val Monzoni, nella seconda parte si può apprezzare la selvaggia e quasi incontaminata Val S. Nicolò. Contornata da Cima Dodici, Cima Undici, Gruppo dei Monzoni, Costabella, Cima Uomo e Col Ombert è considerata una delle valli più intatte delle Dolomiti. Lungo il Rio di S. Nicolò si raggiunge la Baita alle Cascate.

Descrizione itinerario

Percorso per MTB N. 206 (con segnaletica). Partiamo dalla località Meida (Pozza di Fassa), staz. a valle della Cabinovia Buffaure ❶ 1350 m. Seguiamo per un breve tratto la pista da sci entrando in valle fino al Camping Vidor ❷, proseguiamo a destra nel bosco fino alla Malga al Crocifisso ❸ 1530 m, svoltiamo a destra e proseguiamo lungo la forestale che si addentra in Valle dei Monzoni, passiamo davanti alla Baita Monzoni ❹ 1800 m e raggiungiamo la meta del nostro tour odierno: Malga Monzoni ❺ 1866 m. Torniamo indietro un centinaio di metri per la strada di accesso ❻, sul lato destro della valle passiamo tra due baite ❼; proseguiamo in parte lungo ombrose forestali e tosti single trail fino allo sbocco ❽ nella strada asfaltata, andiamo avanti per 1,5 km in Val S. Nicolò fino al bivio ❾, passiamo sul lato destro del torrente e, superando dei passaggi impegnativi, ci portiamo alla Baita alle Cascate ❿ 1985 m. Scendiamo per la valle lungo la via N. 641 detta "Strada dei Rusci", passiamo davanti alla Baita Ciampiè ⓫ 1830 m e sulla strada asfaltata facciamo ritorno al punto di partenza.

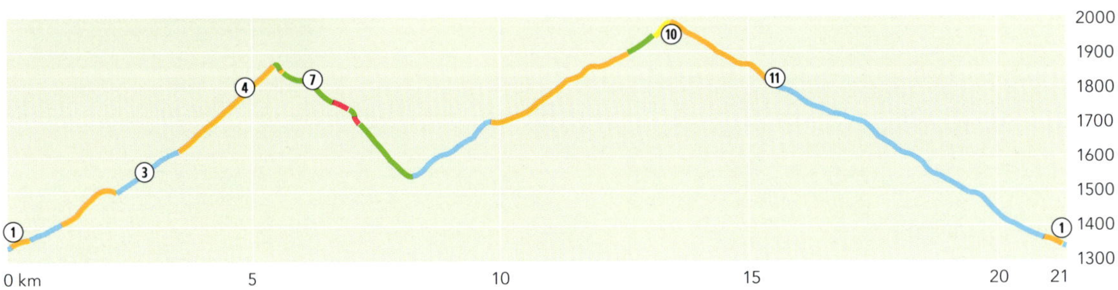

asfalto	strada forestale	bosco/prato	single trail	bici a spinta
48 %	35 %	13 %	2 %	2 %

Ulteriore materiale cartografico per il tour: vedi a pagina 5

59

Nel frattempo quasi tutti gli impianti di risalita delle Dolomiti trasportano anche le bike

21 POZZA–MAZZIN–MONCION–GARDECCIA

Partenza e arrivo: Pozza di Fassa, staz. a valle Cabinovia Buffaure, 1350 m

Punto più elevato: Rifugio Gardeccia, 1950 m

Lunghezza percorso: 21 km

Dislivello in salita: 850 m

Dislivello in discesa: 850 m

Tempo percorrenza: 2½–3½ ore

Difficoltà: ●●●●●

Impegno fisico: ●●●●●

Uphill: ●●●●●

Downhill: ●●●●●

Periodo: maggio–ottobre

Accesso stradale:
A) Val di Fassa o Val di Fiemme, Pozza di Fassa/Meida
B) Val d'Ega, Passo Costalunga, Pozza di Fassa/Meida

Dal punto di vista paesaggistico a ragion veduta i locali operatori turistici insistono sull'unicità della Val di Fassa, perchè qui si elevano alcune tra le cime più belle delle Dolomiti: Marmolada, Catinaccio e Gruppo dei Monzoni. In Trentino solo in questa valle si parla ancora ladino. Non desta meraviglia quindi che in alta stagione i biker, durante i loro itinerari, restino deliziati dalle bellezze naturali e dalla tipica atmosfera del luogo.

La Val di Vajolet è considerata quasi ancora una chicca da scoprire. Sulla stradina che va al Gardeccia può circolare solo un minibus per trasporto escursionisti. E questo farà apprezzare ancora di più al biker l'uphill che vi porta. Nelle prime ore del mattino d'estate l'arrivo al rifugio è una di quelle cose che non si scordano facilmente. Con tempo bello, aria tersa e sole che sorge alle spalle, il cielo azzurro contro cui si staglia la chiara roccia dolomitica del Catinaccio assume una colorazione tanto intensa da parere quasi finto. Senza dubbio una caratteristica comune ad altri itinerari.

Descrizione itinerario

Percorso per MTB N. 208 (con segnaletica). Partiamo in località Meida, a monte di Pozza di Fassa, dalla staz. a valle della Cabinovia Buffaure ❶ 1350 m. Scendiamo un po' verso valle fino all'incrocio ❷, andiamo a destra, incrocio ❸, poi a sinistra, seguiamo il tracciato della "Marcialonga" addentrandoci in valle ❹ + ❺ + ❻; sempre diritti fino all'incrocio ❼, da qui a sinistra, attraversiamo il torrente Avisio e la SS 48, a Mazzin ❽ 1370 m seguiamo a sinistra la forestale fino al bivio ❾, entriamo diritti sulla strada asfaltata, la percorriamo verso monte per 700 m fino al bivio in località Ronch ❿ 1500 m. Da qui continuiamo a salire verso destra fino all'incrocio ⓫ + ⓬, andiamo a sinistra, allo sbocco ⓭ 1850 m andiamo a destra, percorriamo per 100 m la strada per Gardeccia verso monte e al bivio ⓮ svoltiamo a sinistra. Da qui andiamo avanti fino all'incrocio ⓯, proseguiamo a sinistra, breve passaggio con bici spinta a mano, diramazione ⓰, avanti a destra salendo per la forestale, bivio ⓱, poi a destra fino al bivio ⓲, quindi diritti, all'incrocio ⓳ andiamo a sinistra, alla diramazione ⓴ diritti fino al Rifugio Gardeccia ㉑ 1950 m (punto ristoro aperto). La discesa avviene lungo un single trail in linea retta fino al punto ⓱; alle diramazioni ㉒ + ㉓ andiamo avanti diritti fino all'incrocio ㉔, da qui a destra fino allo sbocco nella SS 48 a Pera di Fassa ㉖ 1310 m. La seguiamo a sinistra fino alla diramazione ㉖, lì andiamo a destra, allo sbocco ㉗ svoltiamo a sinistra, costeggiamo il torrente fino al ponte ㉘, lo attraversiamo, alla diramazione ㉙ giriamo a destra e torniamo al punto di partenza lungo la via d'andata.

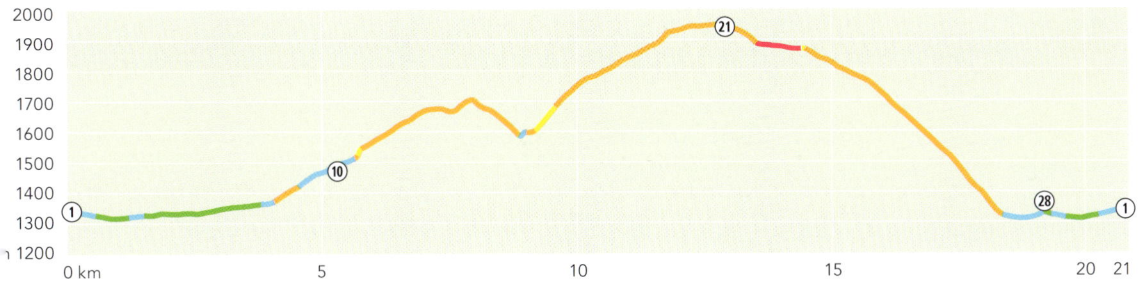

asfalto	strada forestale	bosco/prato	single trail	bici a spinta
26 %	48 %	12 %	11 %	3 %

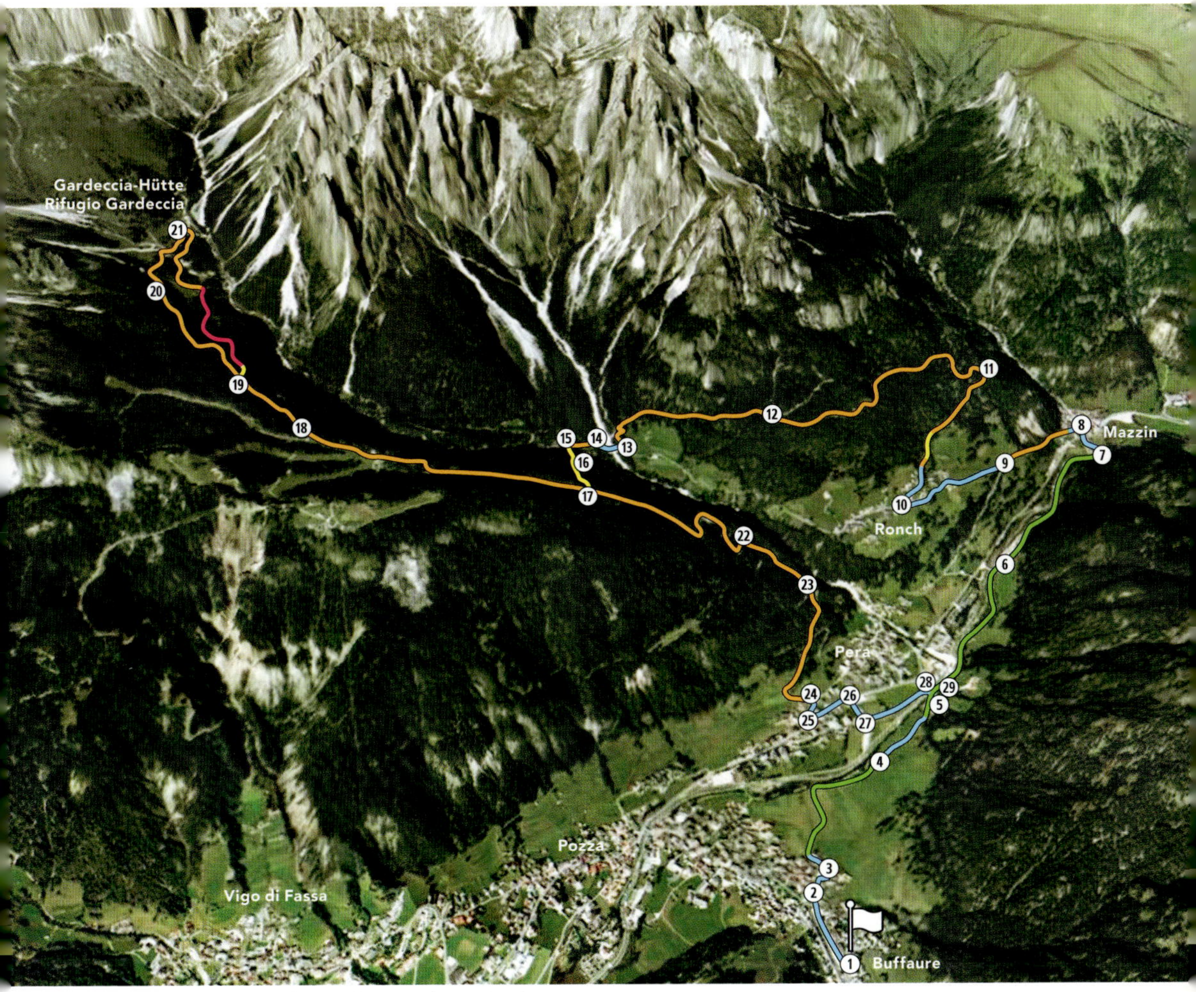

Ulteriore materiale cartografico per il tour: vedi a pagina 5

22 CANAZEI–VAL DURON–VAL DONA

Partenza e arrivo: Canazei, centro acquatico Dolaondes, 1440 m

Punto più elevato: Passo Ciaregole, 2280 m

Lunghezza percorso: 24 km

Dislivello in salita: 1200 m

Dislivello in discesa: 1200 m

Tempo percorrenza: 3–5 ore

Difficoltà: ●●●●●

Impegno fisico: ●●●●●

Uphill: ●●●●●

Downhill: ●●●●●

Periodo: giugno–settembre

Accesso stradale:
A) Val di Fassa o Val di Fiemme, Canazei
B) Passo Costalunga o Passo Sella, Canazei

Rifugio Dona

Quel che parrebbe impossibile è possibile! Certo il dislivello da superare è più o meno quello di un tour di media entità, ma i passaggi con bici a spinta e i trail sono tosti, fiaccano il fisico e incidono negativamente sulla tecnica ciclistica.

Per assaporare la solitudine della Val Dona bisogna tener duro. Il tragitto richiede molta concentrazione. Il Rifugio Dona ricompenserà la fatica con la sua splendida posizione e naturalmente con numerose possibilità di ricaricarsi di energia a base di gustosi carboidrati. Alla fin fine restano ancora da superare 300 m di dislivello fino al Passo Ciaregole e l'impegnativa discesa in Val Duron. Il viaggio lungo la valle si fa in tutto relax fino al Rifugio Micheluzzi, con il Gruppo del Sassolungo a nord e il Catinaccio a ovest. Dal rifugio si torna in Val di Fassa lungo una ripida discesa.

Descrizione itinerario

Percorso per MTB N. 211 (con segnaletica). Partiamo dal centro acquatico di Canazei ❶ 1440 m. A destra del torrente Avisio andiamo all'incrocio ❷, poi a sinistra fino alla diramazione ❸, qui a destra, lungo il sentiero di valle fino allo sbocco ❹, tendendoci a sinistra proseguiamo fino alla staz. a valle della Funvia del "Col Rodella" ❺ 1410 m. Da qui andiamo in direzione di Campitello fino alla rotatoria ❻, attraversiamo la SS 48, andiamo al centro del paese fino all'incrocio ❼, qui a destra, saliamo a Pian ❽ 1540 m. Proseguiamo la salita in moderata pendenza fino alla biforcazione ❾, qui andiamo a destra in forte pendenza (brevi passaggi con bici spinta a mano) fino al Rifugio Micheluzzi ❿ 1860 m. Dallo stesso scendiamo al rio, superiamo due passaggi con bici spinta a mano ⓫ + ⓬, proseguiamo fino alla diramazione ⓭, qui a destra in ripida pendenza fino al Rifugio Dona ⓮ 2100 m. All'inizio in moderata poi crescente salita percorriamo la Val di Dona fino alla diramazione ⓯, andiamo avanti diritti fino all'incrocio ⓰, qui a destra in parte spingendo la bici fino al punto più elevato, il Passo Ciaregole ⓱ 2280 m. Ora ha inizio una difficile discesa fino allo sbocco ⓲; qui a destra, percorriamo la Val Duron in discesa fino al Rif. Lino Brach ⓳ 1870 m, passiamo davanti al Rif. Micheluzzi e andiamo fino alla biforcazione ❾; proseguiamo diritti in forte discesa fino all'ingresso di Campitello di Fassa; attraversiamo la SS 48, raggiungiamo la staz. a valle del Col Rodella e, lungo la strada di valle, facciamo ritorno al punto di partenza a Canazei.

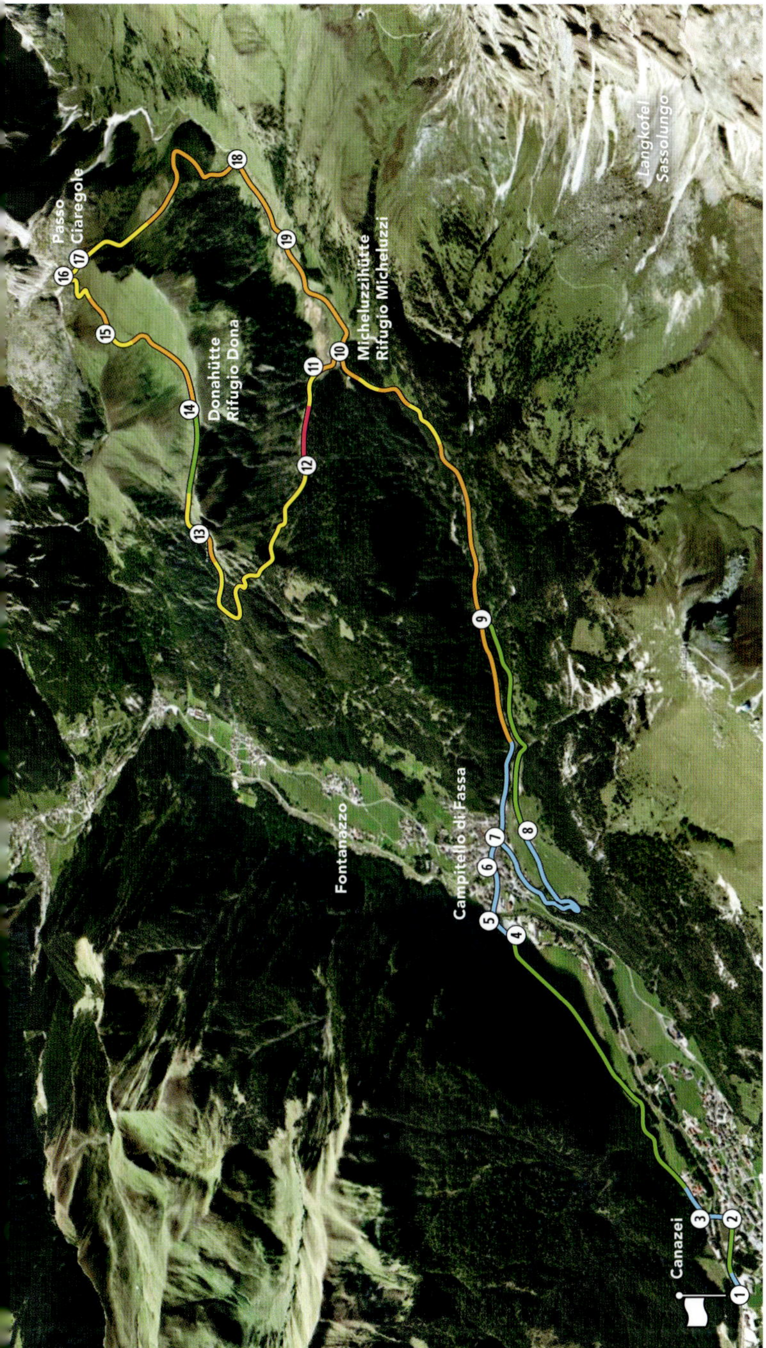

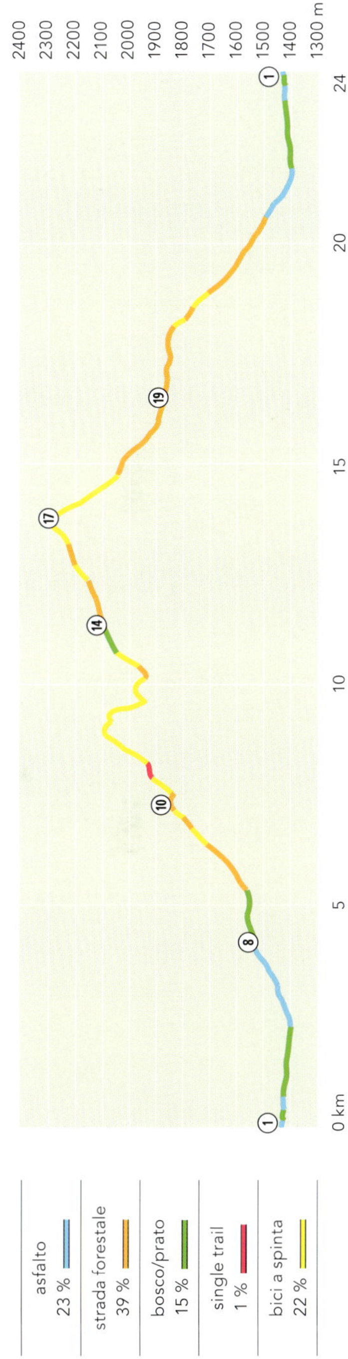

Ulteriore materiale cartografico per il tour: vedi a pagina 5

23 CICLABILE FASSA–FIEMME

Partenza: Canazei, centro acquatico Dolaondes, 1440 m

Arrivo: Molina di Fiemme, 860 m

Punto più elevato: 1440 m

Lunghezza percorso: 45 km

Dislivello in salita: 50 m

Dislivello in discesa: 650 m

Tempo percorrenza: 3–4 ore

Difficoltà: ●●●●●

Impegno fisico: ●●●●●

Uphill: ●●●●●

Downhill: ●●●●●

Periodo: maggio–ottobre

Accesso stradale:
A) Val di Fiemme o Fassa, Canazei
B) Passo Costalunga o Passo Sella, Canazei

Val di Fassa

Una pista ciclabile lungo l'Avisio: ciò che pare di poco conto e fa pensare ai grandi percorsi ciclabili lungo importanti corsi d'acqua in realtà è ben altra cosa. Idea originale quella di realizzare una ciclabile nel bel mezzo delle Dolomiti, dato che si va in discesa in una sola direzione, mentre quella opposta si presenta con 650 m di dislivello in salita. Ma la cosa in ogni caso funziona. Lontano dal traffico, la ciclabile collega tra loro le valli di Fassa e Fiemme. Il percorso si snoda idilliaco tra piccole località di entrambe le valli, contornato dalle cime del Catinaccio e del Lagorai. Il tracciato inoltre funge da accesso a vari altri percorsi per MTB.

Di certo quasi tutti vanno in discesa da Canazei a Molina di Fiemme. Da valle a monte presta servizio, da fine giugno a metà settembre, il cosiddetto "Bike Express Fassa–Fiemme". 15 le fermate in cui si può salire o scendere dallo shuttle. Non solo alle famiglie con bambini piace servirsi del bus navetta per tornare poi a valle lungo la ciclabile in tutto relax. Per i biker percorrerla da valle a monte con le proprie gambe non sarà certo uno spauracchio.

Descrizione itinerario

Partiamo dal centro acquatico di Canazei ❶ 1440 m. Alla destra della valle percorriamo la strada forestale fino alla staz. a valle della Funivia "Col Rodella" ❷ 1410 m, proseguiamo in direzione di Campestrin ❸ 1380 m, andiamo avanti diritti fino all'incrocio di Pera ❹, sempre diritti fino a Pozza di Fassa ❺ 1320 m. Aggiriamo il paese stando a sinistra, al bivio ❻ andiamo a sinistra, proseguiamo fino a Soraga ❼ 1210 m e, sempre pedalando sulla ciclabile, raggiungiamo Moena ❽ 1200 m. Attraversiamo il centro del paese e percorriamo successivamente 1,5 km lungo la strada principale fino alla diramazione ❾, qui andiamo a sinistra, rientriamo sulla ciclabile e scendiamo fino a Predazzo ❿ 1030 m. Aggiriamo il paese sulla destra e alla diramazione ⓫ svoltiamo a sinistra, andiamo diritti fino all'incrocio ⓬, proseguiamo sulla ciclabile in direzione di Ziano di Fiemme; alla biforcazione ⓭ ci teniamo a destra e raggiungiamo Ziano ⓮ 950 m. All'incrocio ⓯ andiamo a sinistra, lasciamo brevemente la ciclabile, all'incrocio ⓰ rientriamo sulla ciclabile, incrocio ⓱ + ⓲ sempre diritti fino alla meta, il ponte a Molina di Fiemme ⓳ 860 m.

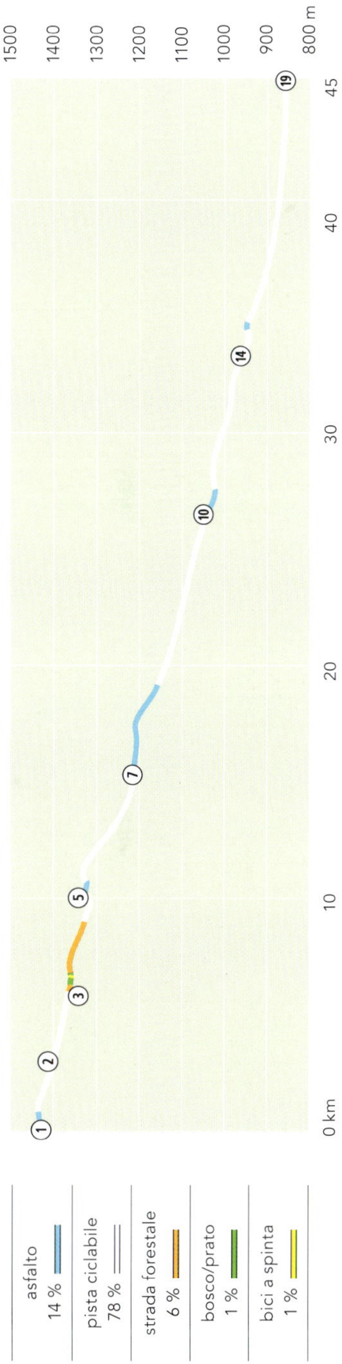

Ulteriore materiale cartografico per il tour: vedi a pagina 5

24 PASSO CUGOLA–PASSO DI OCLINI

Partenza e arrivo:
Cavalese, centro, 1000 m

Punto più elevato:
Passo di Oclini, 1990 m

Lunghezza percorso: 41 km

Dislivello in salita: 1500 m

Dislivello in discesa: 1500 m

Tempo percorrenza: 5–6 ore

Difficoltà: ●●●●●

Impegno fisico: ●●●●○

Uphill: ●●●●○

Downhill: ●●●○○

Periodo: maggio–ottobre

Accesso stradale:
A) Passo S. Lugano, Cavalese
B) Val di Fassa, Cavalese

Il Catinaccio è avvolto da mille leggende. Nani, giganti, principesse, incantesimi: un tempo ne succedevano di belle lassù ... Tra i protagonisti di queste saghe spicca un gigante che uccideva draghi, il quale s'era insediato al Passo di Oclini. E, bisogna ammetterlo, non gli difettava certo il senso del bello. La vista panoramica su Monte Regolo, Gruppo di Lagorai, Latemar, Catinaccio e Sciliar è spettacolare. "Qui sì che è bello vivere! Nessuno potrà rovinare questo paesaggio", avrà pensato, prendendovi semplicemente dimora.

Svantaggio: quel che sta molto in alto è difficilmente raggiungibile. Il punto di partenza si trova sul versante affacciato a sud della Val di Fiemme. D'estate l'uphill fa sudare parecchio. Il Passo di Oclini si trova fra le cime gemelle del Corno Bianco e Corno Nero. Pedalando su per le ripide forestali e lungo gli impegnativi trail talvolta avere gambe da gigante non guasterebbe.

Descrizione itinerario

Percorso per MTB N. 224 (con segnaletica). Partiamo dal centro di Cavalese ❶ 1000 m, andiamo verso est fino al margine del paese, alla rotatoria ❷ saliamo a Carano ❸ 1080 m, passiamo per il paese sempre salendo fino al bivio ❹; qui proseguiamo diritti lungo la forestale fino alla diramazione in corrispondenza del Rifugio Ganzaie ❺. Da qui andiamo a sinistra fino al bivio ❻, svoltiamo a destra e saliamo in ripida pendenza a Malga Cugola Alta ❼ 1890 m, da dove andiamo al Passo Cugola ❽ 1920 m. Scendiamo per il breve single trail e andiamo avanti lungo la forestale fino al bivio ❾, qui giriamo a destra e lungo la via N. 12A raggiungiamo Malga Gurndin ❿ 1950 m; continuiamo fino a Passo di Oclini ⓫ 1990 m e da qui proseguiamo sulla strada asfaltata fino a Malga Varena ⓬ 1850 m, poco prima del Passo di Lavazè. Andiamo avanti per ca. 100 m e all'incrocio ⓭ scendiamo a destra; lungo la forestale e alcuni brevi single trail arriviamo al bivio ⓮. Da qui andiamo a destra, entriamo nei single trail ⓯, proseguiamo fino allo sbocco nella strada del Passo di Lavazè, al di sopra della località di Varena ⓰, andiamo avanti a destra per 200 m lungo la strada fino all'incrocio ⓱; qui svoltiamo a sinistra e scendiamo fino all'innesto nella Strada delle Dolomiti ⓲. Scendiamo a destra sulla stessa e torniamo al punto di partenza nel centro di Cavalese.

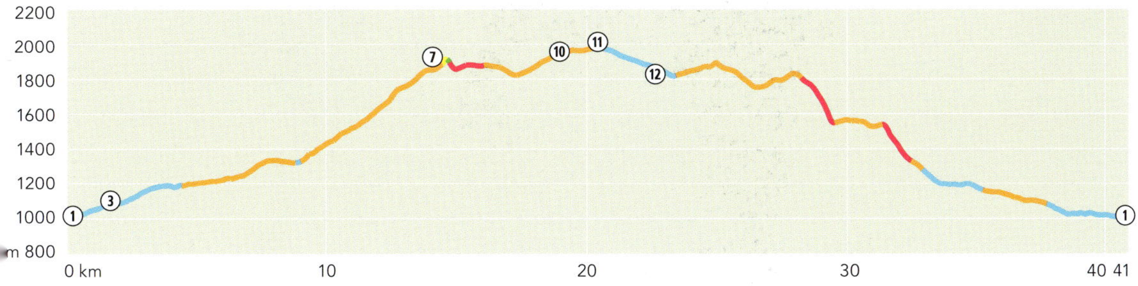

asfalto	strada forestale	bosco/prato	single trail	bici a spinta
32 %	57 %	1 %	9 %	1 %

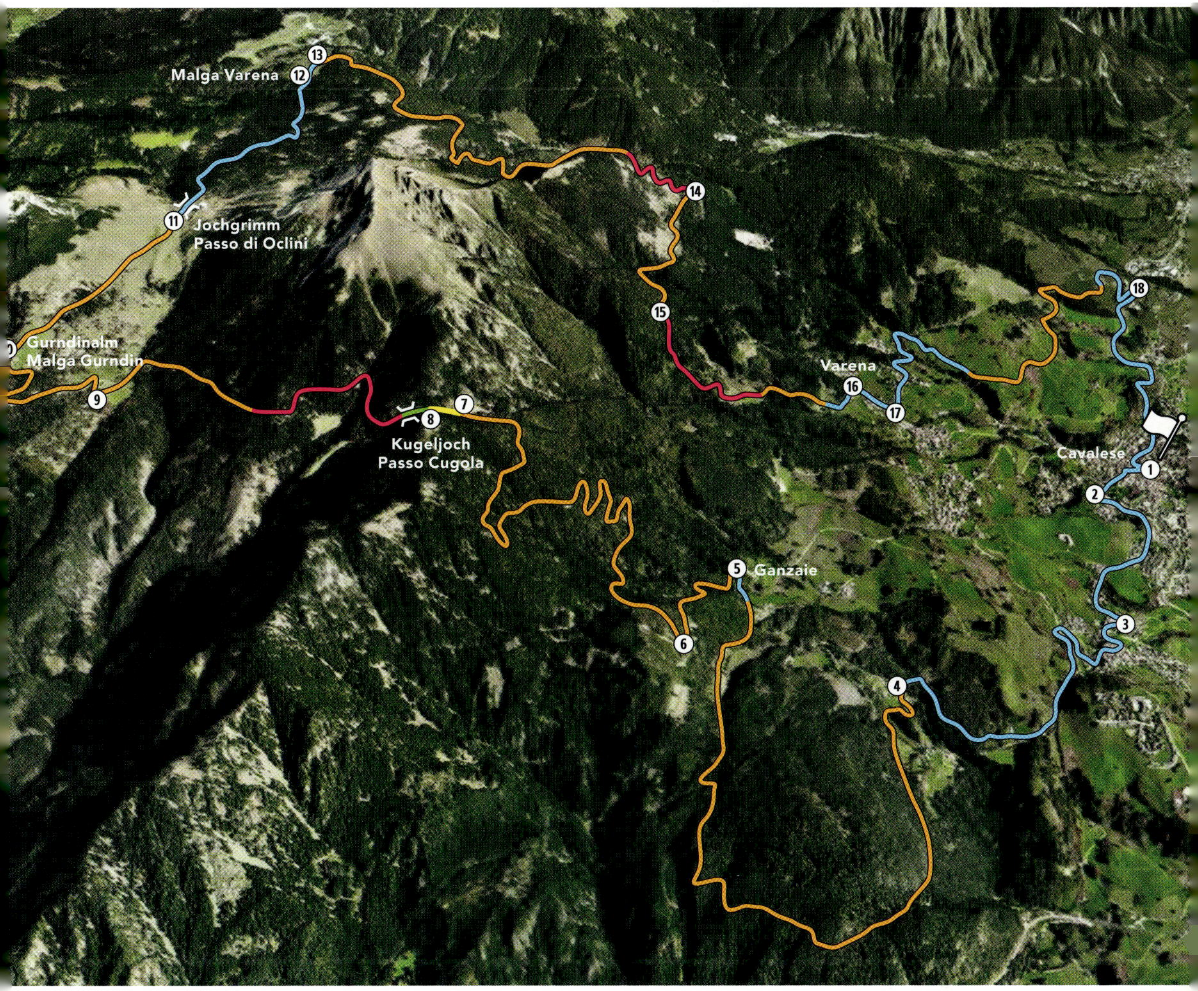

Ulteriore materiale cartografico per il tour: vedi a pagina 5

Dinanzi allo spettacolare scenario del massiccio del Sassolungo; Sasso Levante e Cinque Dita

25 GIRO DELLE CASCATE–VAL CADINO

Partenza e arrivo:
Cavalese, Ufficio Turistico, 1000 m

Punto più elevato:
Malga Arodolo, 1200 m

Lunghezza percorso: 25 km

Dislivello in salita: 770 m

Dislivello in discesa: 770 m

Tempo percorrenza: 3–3½ ore

Difficoltà: ●●●●●

Impegno fisico: ●●●●●

Uphill: ●●●●●

Downhill: ●●●●●

Periodo: maggio–ottobre

Accesso stradale:
A) Passo S. Lugano, Cavalese
B) Val di Fassa, Cavalese

Cavalese è il capoluogo storico e la sede amministrativa della Val di Fiemme. Si parte davanti all'Ufficio Turistico. Dopo una breve discesa a fondovalle, il tracciato si snoda dapprima comodamente sulla ciclabile in riva all'Avisio, attraverso gli ombrosi boschi fiemmesi. Solo poco dopo Molina di Fiemme si sale in leggera pendenza a Malga Arodolo. Di tanto in tanto s'incrocia la stretta strada che porta al Passo Manghen, l'unico valico che collega la Val di Fiemme alla Valsugana.

Le specialtà culinarie di Malga Arodolo sono conosciute oltre i confini della zona. In particolare la polenta, che in Trentino è praticamente un piatto nazionale, è deliziosa se accompagnata da formaggio fuso. E i dolci fatti in casa son traditori: dato che è difficile rinunciarvi, dopo averli consumati sarà più arduo salire nuovamente in sella alla MTB.

Descrizione itinerario

Percorso per MTB N. 225 (con segnaletica). Partiamo dall'Ufficio Turistico di Cavalese ❶ 1000 m, scendiamo lungo la Via Lagorai fino all'incrocio ❷, qui andiamo a destra fino al successivo incrocio ❸; ora a sinistra fino allo sbocco nella strada asfaltata ❹, svoltiamo a sinistra e scendiamo fino alla SS 232 ❺ 850 m; la attraversiamo e proseguiamo sulla Ciclabile delle Dolomiti in direzione di Molina, attraversiamo la strada per il Passo Manghen e raggiungiamo il depuratore di Molina. Lungo la forestale costeggiamo il Rio Cadino fino a quando incontriamo di nuovo la strada per il Passo Manghen ❻ 950 m; la percorriamo verso monte per 600 m fino alla diramazione ❼, qui andiamo a sinistra lungo la forestale in moderata pendenza, al bivio ❽ proseguiamo diritti fino a Malga Arodolo ❾, 1200 m. Entriamo nella valle scendendo fino alla località Cascate ❿ 870 m, e poi andiamo a destra percorrendo 2,5 km sulla ciclabile fino alla biforcazione ⓫; ora a sinistra, attraversiamo la SS 232 ⓬ e saliamo al bivio ⓭; da qui a sinistra, in parte sulla forestale, facciamo ritorno all'Ufficio Turistico di Cavalese, da cui siamo partiti.

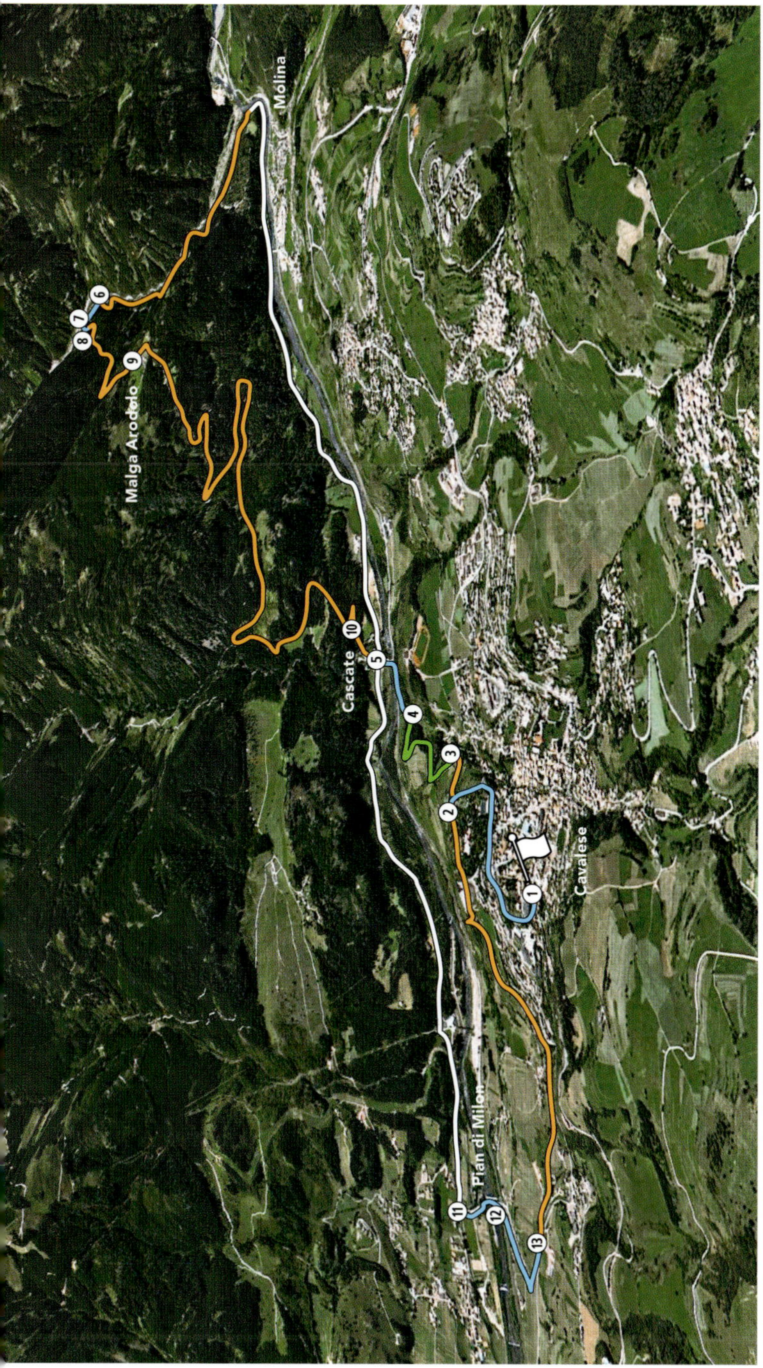

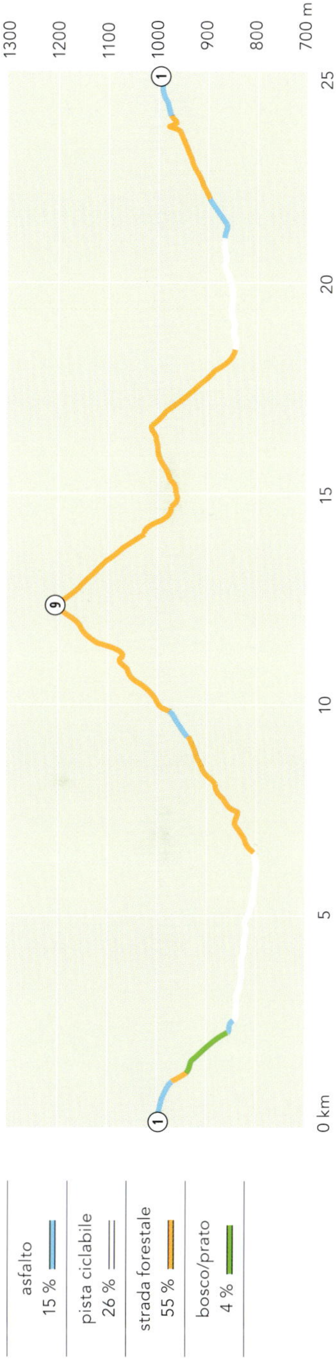

Ulteriore materiale cartografico per il tour: vedi a pagina 5

26 VAL MAGGIORE–LAGO DI CECE

Partenza e arrivo:
Predazzo, centro sportivo, 1000 m

Punto più elevato:
Bivacco Baito Cece, 1880 m

Lunghezza percorso: 26 km

Dislivello in salita: 1000 m

Dislivello in discesa: 1000 m

Tempo percorrenza: 3–4 ore

Difficoltà: ●●●●●

Impegno fisico: ●●●●●

Uphill: ●●●●●

Downhill: ●●●●●

Periodo: maggio–ottobre

Accesso stradale:
A) Passo S. Lugano, Predazzo
B) Passo Costalunga oppure Passo Rolle, Predazzo

Un'escursione in MTB nel Gruppo di Lagorai da farsi nei giorni di calura estiva! Il tracciato si snoda quasi esclusivamente tra le ombrose abetaie della Val Maggiore, una valletta laterale nei pressi di Predazzo. I maestosi abeti hanno un'età che si misura in secoli, il che conferisce al bosco un'aura quasi mistica.

Chi vuole potrà fare una sosta ristoratrice già dopo il primo uphill, varcando la soglia della Malga di Val Maggiore, ove si servono tipici piatti della cucina trentina. La velocità con cui si affronta il secondo uphill, che porta al Lago di Cece, è inversamente proporzionale all'entità del "ristoro" che ci si concede. Lo specchio d'acqua è uno dei più belli tra gli oltre cento laghetti alpini del Lagorai. Ma a 1880 m di altitudine dal punto di vista paesaggistico ciò è quasi scontato. La lunga discesa porta nella gola di Sotto Sassa in Val Travignolo, passando per un'impressionante arcata di ponte in pietra. Il ponte di Lizata venne costruito nel lontano 1893 dalla Magnifica Comunità di Fiemme.

Descrizione itinerario

Percorso per MTB N. 231 (con segnaletica). Partiamo dal Centro Sportivo di Predazzo ❶ 1000 m, torniamo indietro per 600 m in direzione di Predazzo Centro e all'incrocio ❷ svoltiamo a destra in Via Coronelle, che risaliamo diritti fino al bivio ❸; proseguiamo in Val Maggiore fino alla diramazione ❹ 1580 m; qui andiamo a destra e ci portiamo alla Malga di Val Maggiore ❺ 1620 m. Torniamo indietro lungo la via dell'andata fino alla diramazione ❹, svoltiamo a destra andando fino all'incrocio ❻ 1660 m; da qui proseguiamo a destra, passiamo accanto alla Baita della Sandrina e raggiungiamo il bivio ❼; continuiamo a destra salendo al Lago di Cece e alla baita omonima ❽ 1880 m. Torniamo indietro lungo la via di salita fino al punto ❻, arrivati a fondovalle attraversiamo il Torrente Travignolo ❾, passiamo davanti al Camping Valle Verde e andiamo avanti fino alla strada per il Passo Rolle ❿. Costeggiando il Torrente Travignolo andiamo fino allo sbocco nella strada principale di Predazzo ⓫ e da qui raggiungiamo il Centro Sportivo da cui siamo partiti.

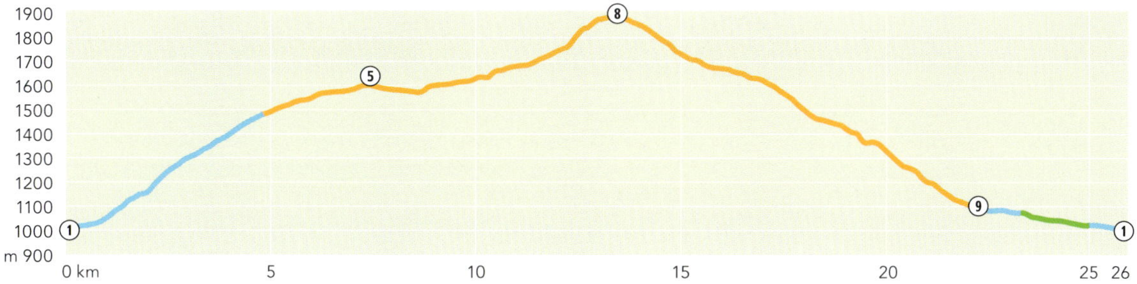

asfalto	strada forestale	bosco/prato
24 %	69 %	7 %

Ulteriore materiale cartografico per il tour: vedi a pagina 5

27 GIRO DEI RIFUGI E DELLE MALGHE

Partenza:
Castelir (staz. a valle Funivia Bellamonte-Lusia), 1530 m

Arrivo: staz. a valle Funivia "Latemar 2200"

Punto più elevato:
Rif. Passo di Lusia, 2055 m

Lunghezza percorso: 30 km

Dislivello in salita: 950 m

Dislivello in discesa: 1400 m

Tempo percorrenza: 4–4 ½ ore

Impegno fisico: ●●●●●

Difficoltà: ●●●●●

Uphill: ●●●●●

Downhill: ●●●●●

Periodo: giugno–ottobre

Accesso stradale:
A) Passo S. Lugano, Predazzo
B) Dal Passo Costalunga o Rolle si raggiunge Predazzo

Malga Bocche con le Pale di San Martino

Non è necessario complicarsi la vita! I metri di dislivello in sella alla MTB, almeno in salita, sono una questione d'opinione. Per certuni sono potenzialmente una "droga", per altri puro spauracchio. Queste ultimi possono venire aiutati.

Nel corso di questo itinerario i primi metri di dislivello fino alla stazione della Funivia Bellamonte-Lusia si possono superare comodamente a bordo del Bellamonte Express. La prima meta del giorno, Malga Bocche, offre una fantastica vista sulle Pale di S. Martino. Alla seconda meta, il Rifugio Lusia, porta una via panoramica quasi alla stessa quota. Dopo una ritemprante sosta il tragitto prosegue "solo" in discesa. Presso Bellamonte si passa per la fresca Gola di Sotto Sassa (Val Travignolo), con le sue ripide pareti di roccia. La meta, la stazione a valle delle Funivie del Latemar, si trova vicino al paese in direzione di Moena. I più allenati potranno snobbare il servizio di bus navetta.

Descrizione itinerario

Percorso per MTB N. 232 (con segnaletica). Dal parcheggio degli impianti di risalita Bellamonte-Lusia in località Castelir ❶ 1530 m, torniamo indietro lungo la strada per 500 m fino al bivio ❷, poi andiamo a sinistra e imbocchiamo la strada forestale; a una breve salita segue una discesa fino a poco prima del lago artificiale di Paneveggio. Ora saliamo in direzione di Malga Bocche fino all'incrocio ❸ 1960 m, da qui facciamo una puntata verso destra a Malga Bocche ❹ 1950 m. Torniamo indietro lungo la stessa via fino all'incrocio ❸, proseguiamo a destra lungo la bella strada panoramica in direzione del Rif. Lusia, passiamo davanti alla fonte d'acqua ❺, e raggiungiamo il rifugio ❻ 2055 m, punto più elevato del tour. Da qui scendiamo alla Baita Ciamp de le Strie ❼ 1940 m, andiamo avanti fino all'incrocio ❽, qui a sinistra e sempre verso il basso fino a Bellamonte, attraversiamo la strada per il Passo Rolle ❾ 1420 e scendiamo in direzione dell'Hotel Canada. Al bivio ❿ ci teniamo a sinistra e percorriamo in discesa la gola della Val Travignole. Alla diramazione ⓫ andiamo avanti diritti, scendiamo per il breve single trail, proseguiamo fino quasi alla fine della gola dove si trova il Ponte in pietra di Lizata ⓬ 1150 m. Quindi andiamo a sinistra, al bivio ⓭ a destra, attraversiamo il Torrente Travignolo, passiamo a sinistra il Camping Valleverde e andiamo fino alla SS 50 ⓮. Stiamo sulla sinistra, costeggiamo il fiume fino allo sbocco nella strada principale per Predazzo ⓯ 1020 m, entriamo a destra nel centro del paese fino a quando incontriamo la ciclabile ⓰, che seguiamo in direzione di Moena fino alla stazione a valle della funivia "Latemar 2200" ⓱, 1050 m.

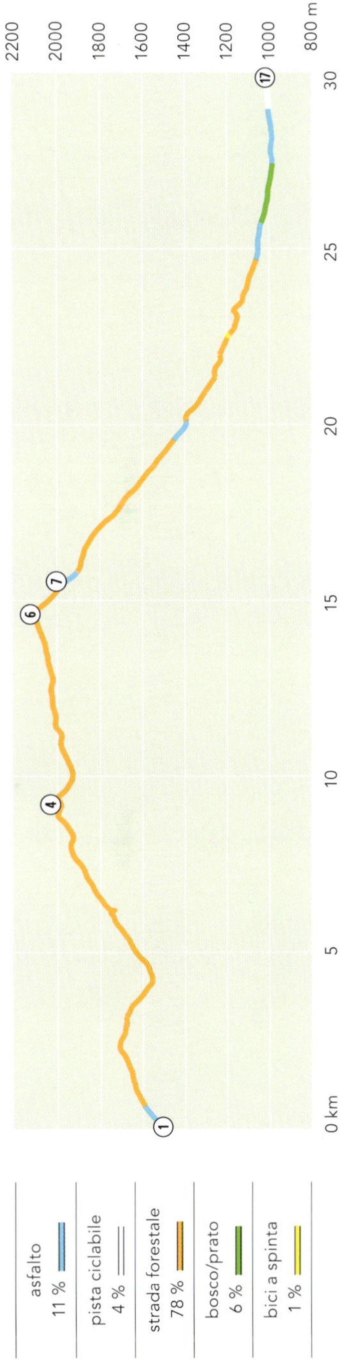

Ulteriore materiale cartografico per il tour: vedi a pagina 5

28 VAL VENEGIA–BAITA SEGANTINI

Partenza e arrivo:
Centro Visitatori Parco Naturale Paneveggio, 1540 m

Punto più elevato:
Baita Segantini, 2180 m

Lunghezza percorso: 23 km

Dislivello in salita: 700 m

Dislivello in discesa: 700 m

Tempo percorrenza: 3–3½ ore

Difficoltà: ●●●●●

Impegno fisico: ●●●●●

Uphill: ●●●●●

Downhill: ●●●●●

Periodo: giugno–settembre

Accesso stradale:
A) Valli di Fiemme e Fassa, Predazzo, Paneveggio
B) Passo Rolle, Paneveggio

La Val Venegia si trova nella parte settentrionale del Parco Naturale Paneveggio-Pale di S. Martino, nel mezzo di una foresta di abeti di 2700 ettari. Svariati Tremila, con i loro ghiacci perenni, nelle giornate terse di bel tempo paiono tanto vicini da poterli toccare.

Le strade forestali che portano alla Baita Segantini non presentano difficoltà e consentono quindi di ammirare in relax le bellezze paesaggistiche, dato che verso sud svettano le Pale di San Martino, croce e delizia di schiere di rocciatori. Anche tra le scoscese pareti sopra la Baita Segantini d'estate si possono osservare molti scalatori. Ai biker resta solo il ruolo di spettatori e, osservando certe vie d'ascesa, la piacevole consapevolezza di non doverci salire.

Descrizione itinerario

Percorso per MTB N. 234 (con segnaletica). Partiamo dal "Centro Visitatori Paneveggio" ❶ 1540 m. Viaggiamo in direzione della Val Venegia fino alla diramazione per la strada del Passo Rolle e del passo Valles ❷. Risaliamo, tenendoci a destra, la strada per il Passo Rolle per 500 m fino al bivio ❸; qui andiamo a sinistra sulla forestale, arriviamo all'incrocio ❹ proseguiamo diritti sul sentiero boschivo fino alla biforcazione ❺, continuiamo a sinistra fino alla diramazione prima di Malga Venegia ❻ 1770 m. Ora procediamo diritti verso Malga Venegiota ❼ 1840 m e, in ripida pendenza, percorriamo gli ultimi metri che ci separano dalla Baita Segantini ❽ 2180 m. Da qui scendiamo alla Capanna Cervino ❾, alla diramazione ❿ stiamo a destra e, sempre salendo, ci portiamo a Malga Juribello ⓫, 1870 m. Poi scendiamo (breve contropendenza) alla biforcazione ⓬, svoltiamo a destra, andiamo all'incrocio ⓭, da qui a sinistra imbocchiamo la via di salita e torniamo al punto di partenza.

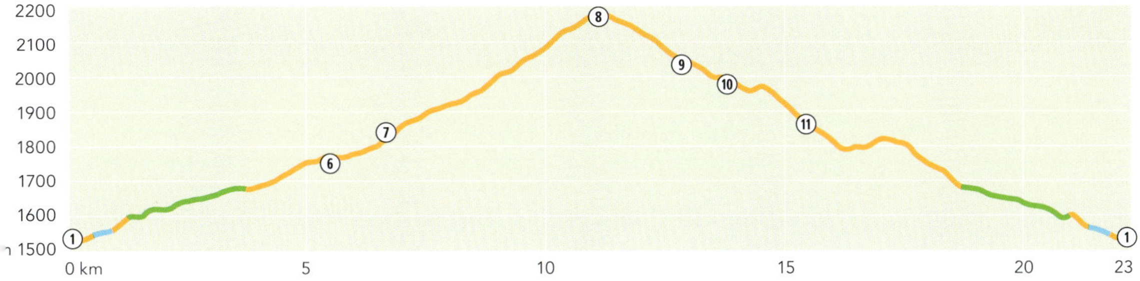

asfalto	strada forestale	bosco/prato
3 %	73 %	24 %

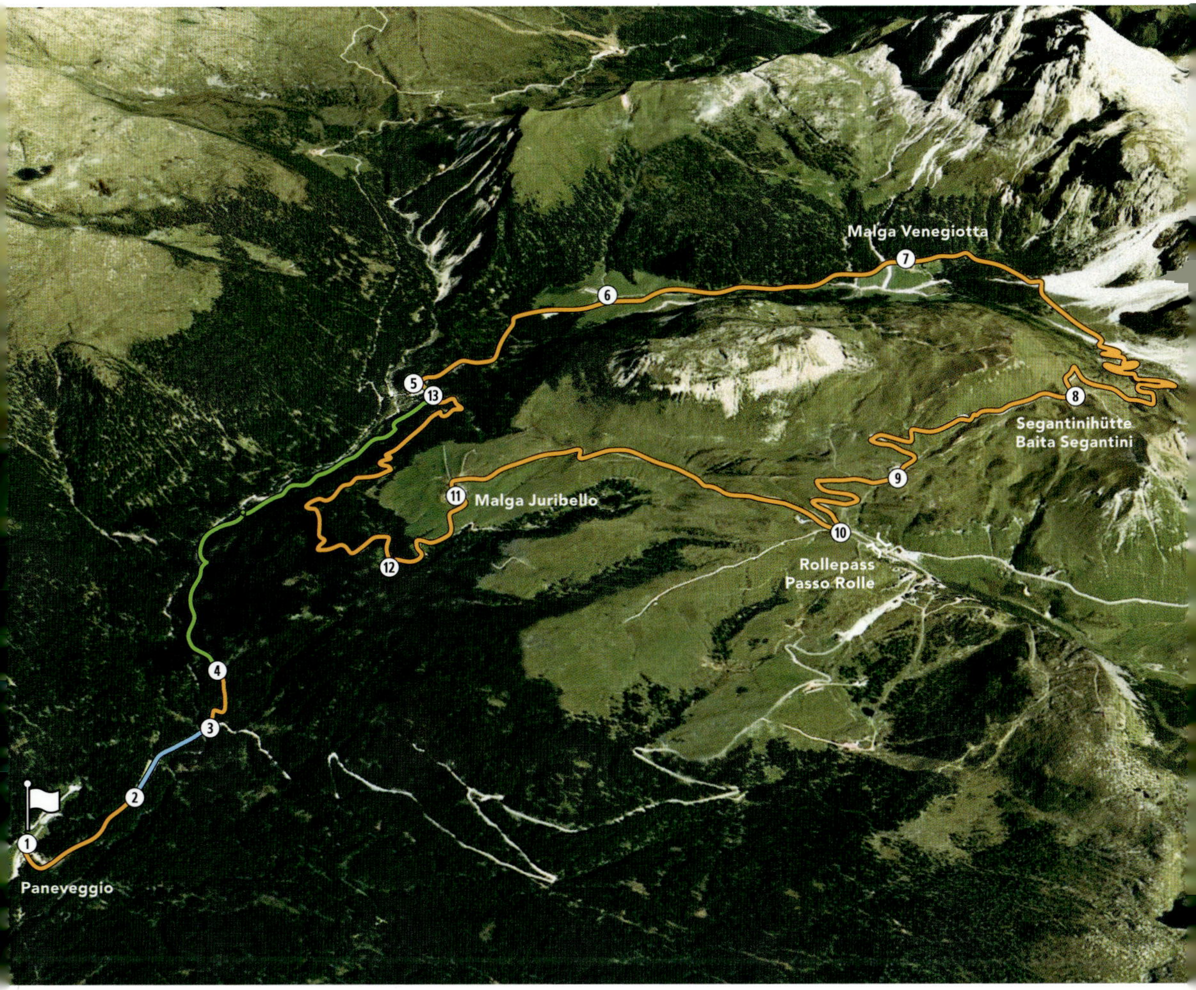

Ulteriore materiale cartografico per il tour: vedi a pagina 5

29 ATTORNO AL SASSO DELLA CROCE

Partenza e arrivo:
La Valle, 1360 m

Punto più elevato:
Le de Rit, 1860 m
Passo Limo, 2170 m

Lunghezza percorso: 56 km

Dislivello in salita: 1850 m

Dislivello in discesa: 1850 m

Tempo percorrenza: 5–6 ore

Difficoltà: ●●●●○

Impegno fisico: ●●●●●

Uphill: ●●●●○

Downhill: ●●●●○

Periodo: maggio–ottobre

Accesso stradale:
Autostrada A22 del Brennero, uscita Bressanone, Val Pusteria, Val Badia, La Valle

In tutta franchezza, l'itinerario è parecchio tosto. Gli agonisti che desiderano testare le proprie condizioni di forma qui troveranno il massimo della soddisfazione. O anche no, se l'allenamento preventivo non è stato all'altezza. In ogni caso il tracciato richiede un alto livello di prestazione fisica e perizia tecnica.

Il Parco Naturale Fanes-Sennes-Braies si trova nelle Dolomiti di Braies e nel Gruppo di Fanes. Una delle cime principali che vi si elevano è il Sasso della Croce. Il giro attorno alla montagna si snoda, passando per S. Vigilio di Marebbe, ai piedi del Plan de Corones, lungo la Val di Rudo fino a Pederü, l'Alta Via delle Dolomiti fino al Rifugio Fanes e dal Rifugio Gran Fanes alla Capanna Alpina valicando il Passo Tadega. Il tratto più bello si sviluppa tra il Gruppo del Sasso della Croce con il Piz Conturines e le Dolomiti Ampezzane, con la nota Cima Scotoni. La sera, dopo il tour, si sente ogni chilometro nelle gambe, ma resta il ricordo di una bellissima e soprattutto tipica sgroppata in MTB tra i Monti Pallidi.

Descrizione itinerario

Partiamo da La Valle (La Val/Wengen) ❶ 1360 m; saliamo passando per i casali di Tolpei ❷ e di Biei ❸, 1600 m e raggiungiamo il Le de Rit ❹ 1860 m. Lungo forestali scendiamo fino all'incrocio ❺, qui proseguiamo diritti verso valle fino all'incontro con la strada della Val di Rudo ❻ 1250 m. Percorriamo per 12 km la strada asfaltata fino a Pederü ❼ 1540 m, da qui saliamo in forte pendenza al Rifugio Fanes ❽ 2060 m (attenzione, servizio bus navetta nei mesi estivi!), superiamo un breve passaggio con la bici a mano fino al Passo di Limo ❾ 2170 m e il lago omonimo; da qui raggiungiamo il Rif. Gran Fanes ❿ 2110 m. Iniziamo a scendere a destra lungo la via N. 11 in direzione della Capanna Alpina, valichiamo il Passo Tadega ⓫ 2120 m e il Col de Locia ⓬ 2090 m, da qui tecnica discesa (passaggi con bici a mano) fino alla Capanna Alpina ⓭ 1730 m; proseguiamo verso valle fino allo sbocco nella strada della Val Parola ⓮, scendiamo a destra verso S. Cassiano, passiamo davanti all'Hotel Valparola ⓯, prima di S. Cassiano davanti alla staz. a valle della Cabinovia del Piz Sorega ⓰ 1540 m, entriamo nel sentiero degli artisti "Trù di artis?", costeggiamo il Rio S. Cassiano fino alla centrale di "Gadera" a La Villa ⓱, passiamo sotto il ponte e, sempre lungo il rio, pedaliamo in direzione di Pedraces fino a inizio paese Badia. Da qui saliamo al paese di S. Leonardo ⓲, andiamo avanti su strada asfaltata fino al casale di Valgiarei ⓳ 1590 m, ci portiamo sul sentiero circolare di Armentara, bel single trail con breve passaggio di bici a mano fino a Fornacia ⓴ 1570 m, da qui scendiamo ai Masi Lunz e, superata una breve salita, torniamo a La Valle.

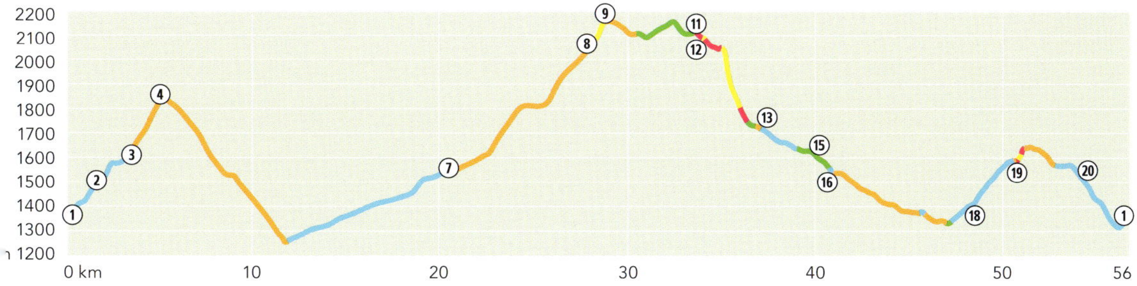

asfalto	strada forestale	bosco/prato	single trail	bici a spinta
40 %	44 %	9 %	4 %	3 %

Ulteriore materiale cartografico per il tour: vedi a pagina 5

Sull'altopiano del Piz La Ila con veduta sulle Conturines

30 LA VILLA–ALTOPIANO DI PRALONGIÀ

Partenza e arrivo:
La Villa, Centrale Gadera, 1390 m

Punto più elevato:
Pra de Störes, Pralongià, 2140 m

Lunghezza percorso: 25 km

Dislivello in salita: 790 m

Dislivello in discesa: 790 m

Tempo percorrenza: 3–4 ore

Difficoltà: ●●●●●

Impegno fisico: ●●●●●

Uphill: ●●●●●

Downhill: ●●●●●

Periodo: giugno–ottobre

Accesso stradale:
A) Autostrada A22 del Brennero, uscita Bressanone Nord, Val Pusteria, Val Badia, La Villa
B) Passo Gardena, Corvara, La Villa

Pra de Störes

Nelle Dolomiti esistono pochi altopiani con una simile vista panoramica a 360°. Quello di Pralongià si estende a quasi 2200 m di altitudine a monte di S. Cassiano, contornato da uno scenario dolomitico spettacolare, comprendente tra l'altro Marmolada, Gruppo di Fanes, Gruppi del Sella e del Puez-Odle. Nessuna meraviglia quindi che il luogo attiri sia escursionisti che biker.

Si può partire per questo itinerario sia da Corvara che da S. Cassiano. Il senso di percorrenza ideale comunque è quello orario. Solitamente le escursioni in MTB non vanno d'accordo con l'arte. La cosa non vale per questo tracciato, che corre in parte sul sentiero degli artisti "Trù di artis?", che collega le località di La Villa e San Cassiano. Lungo il Rio Gadera artisti locali presentano opere realizzate a stretto contatto con la natura.
Il Rifugio Pralongià tra l'altro accoglie volentieri i biker. Nel ristoro vengono serviti, come potrebbe essere altrimenti, tipici piatti sudtirolesi che, gustati nello splendido scenario dolomitico, sono ancora più gustosi.

Descrizione itinerario

Partiamo sotto La Villa, dalla centrale idroelettrica "Gadera" ❶ 1390 m, percorriamo il Sentiero degli Artisti che costeggia il rio in direzione di S. Cassiano/Armentarola, fino alla staz. a valle della Cabinovia Piz Sorega ❷ 1540 m. A destra sotto la strada andiamo fino all'Hotel Paradiso ❸, da dove scendiamo a destra all'Hotel Ancei ❹. Inizialmente sulla via N. 18 poi 24B andiamo in direzione Pra de Störes fino al Rifugio Pralongià ❺ 2140 m. Traversiamo l'altopiano fino al Passo Incisa ❻ 1920 m e, lungo la via N. 24, scendiamo alla "Capanna Nera"; andiamo oltre fino allo sbocco nella SP 244 ❼ 1710 m, seguiamo la provinciale fino a Corvara ❽ 1560 m, a nord del paese percorriamo infine la ciclabile lungo il Rü-Tort, fino alla centrale idroelettrica di La Villa, da cui siamo partiti.

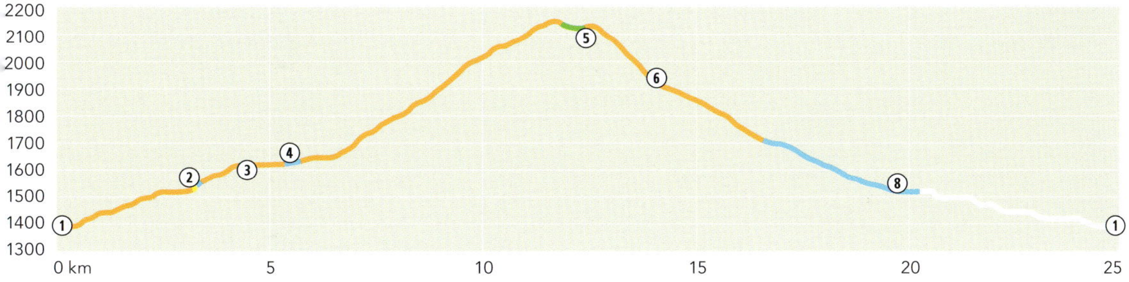

asfalto	pista ciclabile	strada forestale	bosco/prato	bici a spinta
16 %	21 %	60 %	2 %	1 %

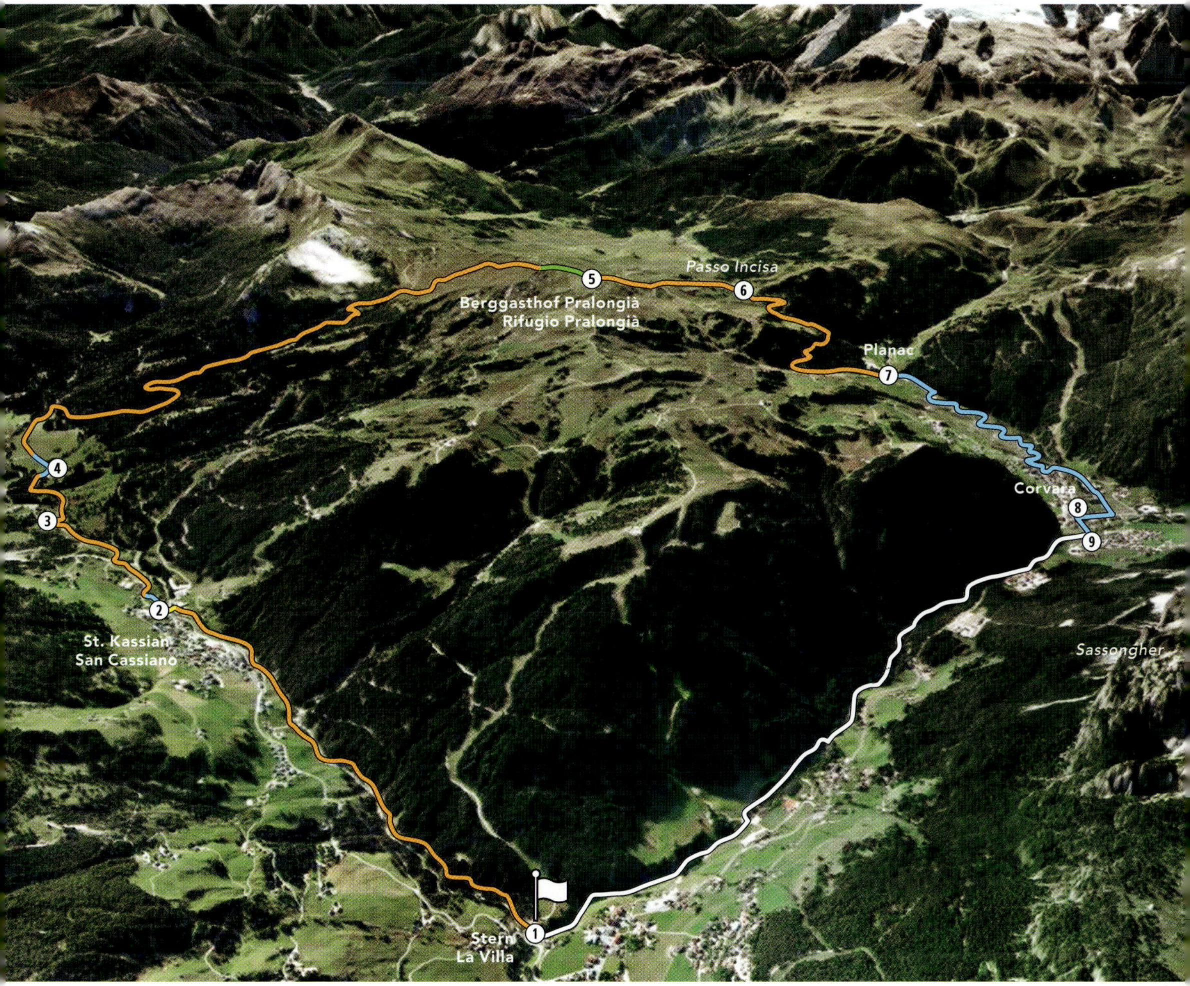

Ulteriore materiale cartografico per il tour: vedi a pagina 5

31 DI PAESE IN PAESE IN ALTA BADIA

Partenza e arrivo:
Corvara, 1560 m

Punto più elevato:
Rü de Feria, 1670 m

Lunghezza percorso: 26 km

Dislivello in salita: 600 m

Dislivello in discesa: 600 m

Tempo percorrenza: 3–4 ore

Difficoltà: ●●●●●

Impegno fisico: ●●●●●

Uphill: ●●●●●

Downhill: ●●●●●

Periodo: giugno–ottobre

Accesso stradale:
A) Autostrada A22 del Brennero, uscita Bressanone Nord, Val Pusteria, Val Badia, Corvara
B) Passo Gardena, Corvara

Lech de Sompunt

È nella natura delle cose che gli itinerari di MTB abbiano sempre a che fare con fatica, uphill e almeno un po' di allenamento preparatorio. Con invidia qualcuno guarderà ai biker più stilosi, poiché questi non vedono le montagne solo dal basso. I cosiddetti itinerari per principianti mantengono quel che il nome promette. Quello qui proposto appartiene a questa categoria.

Il punto di partenza può venire scelto a piacere tra S. Cassiano, La Villa o S. Leonardo. Il tracciato si sviluppa in gran parte su strade secondarie o sentieri attraverso il fondovalle e piccoli paesi. Particolarmente appagante è il sentiero dei larici che porta a Rü de Feria e il bel sentiero panoramico che si snoda al di sopra di La Villa. Chi non si fida abbastanza delle sue gambe quando si tratta di superare impegnativi dislivelli potrà servirsi di una E-bike.

Descrizione itinerario

Partiamo da Corvara ❶ 1560 m, dalla fine del paese prendiamo la ciclabile che costeggia il Rü Tort, andiamo fino al ponte di legno ❷, da qui a destra sulla strada N. 2, attraversiamo il rio ❸ presso la pista da sci, proseguiamo fino alla centrale elettrica di Gadera ❹ 1390 m. A La Villa percorriamo il sentiero degli artisti "Trù di artis?" fino al ponte di legno ❺ 1530 m; prima di S. Cassiano andiamo a sinistra, passiamo sul ponte e per la rotatoria andando verso S. Cassiano ❻ 1540 m (possibile sosta ristoro al Ristorante Störes); alla chiesa risaliamo a destra la Strada Soplà, passiamo davanti al Maso Lafarei e andiamo fino alla diramazione ❼, stiamo a sinistra e allo sbocco ❽ saliamo a destra lungo il "Sentiero dei Larici", proseguiamo in parte sulla via N. 15 fino a Rü de Feria ❾ 1670 m. Scendiamo per la strada asfaltata fino allo sbocco nella strada provinciale ❿ 1480 m, andiamo a destra fino al ponte di La Villa, attraversiamo il ponte e ci portiamo alla centrale elettrica di Gadera ❹, passiamo sotto il ponte, proseguiamo in direzione di Pedraces/Badia fino a S. Leonardo ⓫ 1380 m; da qui torniamo indietro fino nel centro di Badia ⓬ 1320 m, attraversiamo la SS 244 e risaliamo in iniziale ripida pendenza la strada N. 5, passiamo davanti al casale Ciaminades, proseguiamo lungo la strada N. 5 fino al Lech de Sompunt ⓭ 1460 m. Dall'hotel omonimo dietro il campo giochi saliamo e attraversiamo la strada ⓮ e andiamo fino a Sottsass ⓯ 1490 m, qui scendiamo lungo il Sentiero Panoramico N. 10 in direzione di La Villa ⓰ 1480 m, passiamo al di sopra della località e al bivio ⓱ saliamo a destra sulla strada N. 10 in direzione di Corvara; al casale Verda ⓲ 1490 m scendiamo alla SS 244, la attraversiamo e all'innesto ❷ torniamo verso monte lungo il sentiero di valle fino a Corvara.

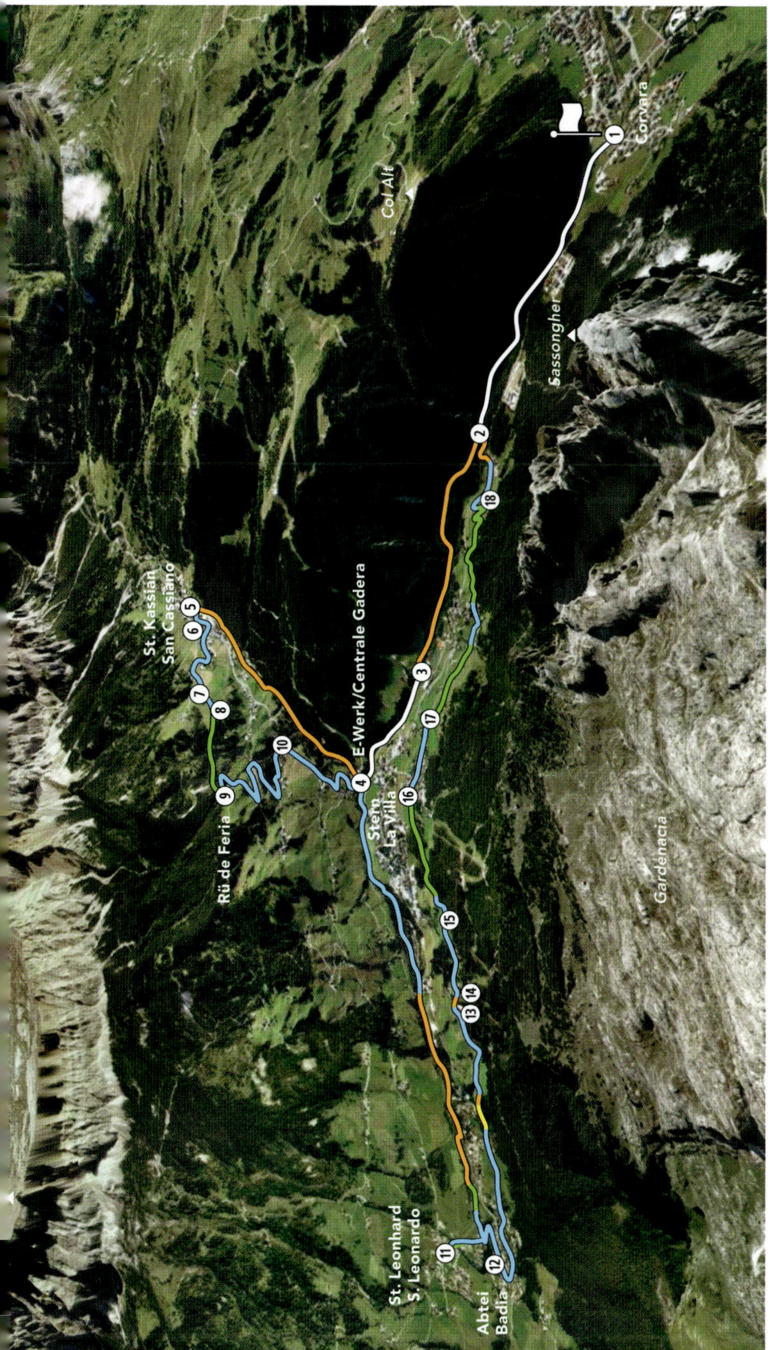

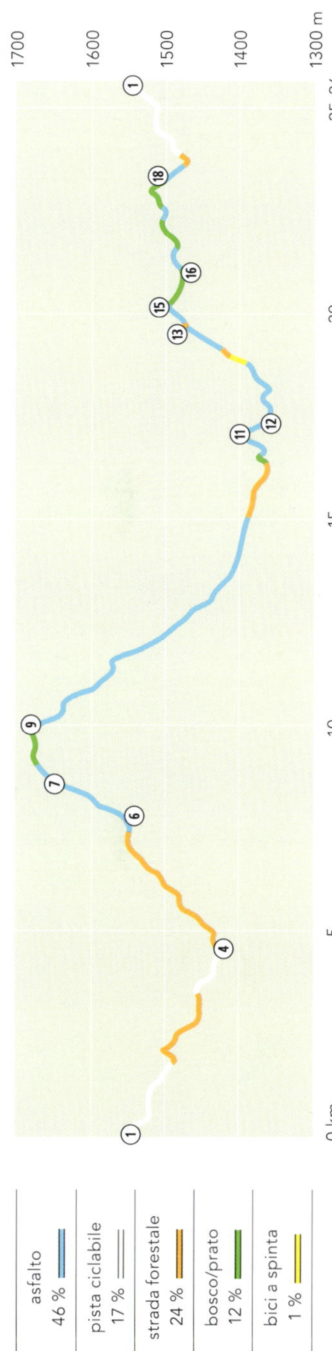

Ulteriore materiale cartografico per il tour: vedi a pagina 5

32 LA VALLE–VALLE DI LONGIARÙ

Partenza e arrivo:
La Valle, 1360 m

Punto più elevato:
Passo Juel, 1730 m

Lunghezza percorso: 33 km

Dislivello in salita: 1150 m

Dislivello in discesa: 1150 m

Tempo percorrenza: 3 – 4 ore

Difficoltà: ●●●●●

Impegno fisico: ●●●●●

Uphill: ●●●●●

Downhill: ●●●●●

Periodo: giugno–ottobre

Accesso stradale:
A) Autostrada del Brennero A22, uscita Bressanone Nord, Val Pusteria, Val Badia, La Valle
A) Passo Gardena, Corvara, La Valle

Passo Juel

La Valle giace nel cuore delle Dolomiti, ai piedi del Gruppo del Sasso della Croce, nel Parco Naturale Puez-Odle. Il piccolo paese di montagna affacciato alto sulla Val Badia è punto di partenza di questo itinerario che si snoda lontano dai più affollati centri turistici. In tutta tranquillità si possono macinare i propri metri di dislivello, ammirando nel contempo il Putia e le Odle, oppure il Gruppo del Sasso della Croce.

Di particolare bellezza è il trail panoramico dal casale di Valgiarei fino a La Valle. Vale una visita anche Longiarù, un paesino di montagna con una storia risalente al 14° secolo. Nella zona s'incontrano le "Viles", antichi, tipici insediamenti rurali della Val Badia.
Quasi d'obbligo è una sosta alla Speck Stube di Longiarù. Dal 1970 qui c'è solo speck di produzione propria. Vale la pena fare una breve sosta anche a S. Leonardo, paese natio di Padre Giuseppe Freinademetz, canonizzato nel 2003 da Papa Giovanni Paolo II. A molti comunque più familiare del Santo sarà uno dei soggetti fotografici più amati: la chiesa parrocchiale di S. Leonardo.

Descrizione itinerario

Partiamo dal suggestivo paese di montagna di La Valle ❶ 1360 m, saliamo in direzione di Ciampei, alla diramazione ❷ andiamo a sinistra e lungo la strada N. 4 raggiungiamo il casale di Ciampei ❸ 1530 m. Lungo la ombrosa forestale 4b ci portiamo al casale Costa ❹ 1400 m; proseguiamo scendendo fino allo sbocco nella strada della Val Badia ❺ 1120 m, la attraversiamo, scavalchiamo il Rio Longiarù sul ponte, percorriamo il caratteristico sentiero fino allo sbocco nella strada per Longiarù ❻ 1260 m. Su questa percorriamo buoni 2 km fino a Longiarù ❼ 1400 m, passiamo davanti alla chiesa, proseguiamo in direzione sud, inizialmente sulla via N. 5, poi sulla N. 9; al primo incrocio ci teniamo a sinistra e seguiamo il segnavia N. 6 per il Passo Juel/Pedraces, fino al valico di Juel ❽ 1730 m (punto più elevato dell'itinerario). Scendiamo, passando accanto ai casali di Pescol ❾, Val e Jusciara, fino allo sbocco nella strada SS 244 della Val Badia ❿ 1330 m, torniamo verso monte per 150 m verso Badia ⓫ 1320 m, al bivio ⓬ andiamo a sinistra verso S. Leonardo ⓭ 1380 m, su strada asfaltata saliamo fino al casale di Valgiarei ⓮ 1590 m, passiamo tra il maso e il fienile e ci portiamo sul sentiero circolare di Armentara; bel single trail con breve passaggio con bici spinta a mano fino al bivio ⓯, da qui scendiamo a destra fino a Furnacia ⓰ 1570 m; continuiamo a pedalare verso valle fino ai Masi Lunz e dopo breve salita raggiungiamo La Valle.

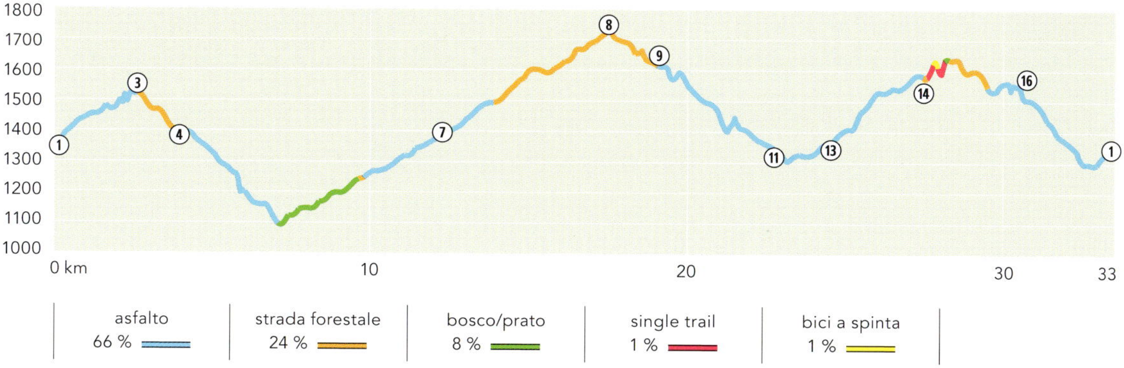

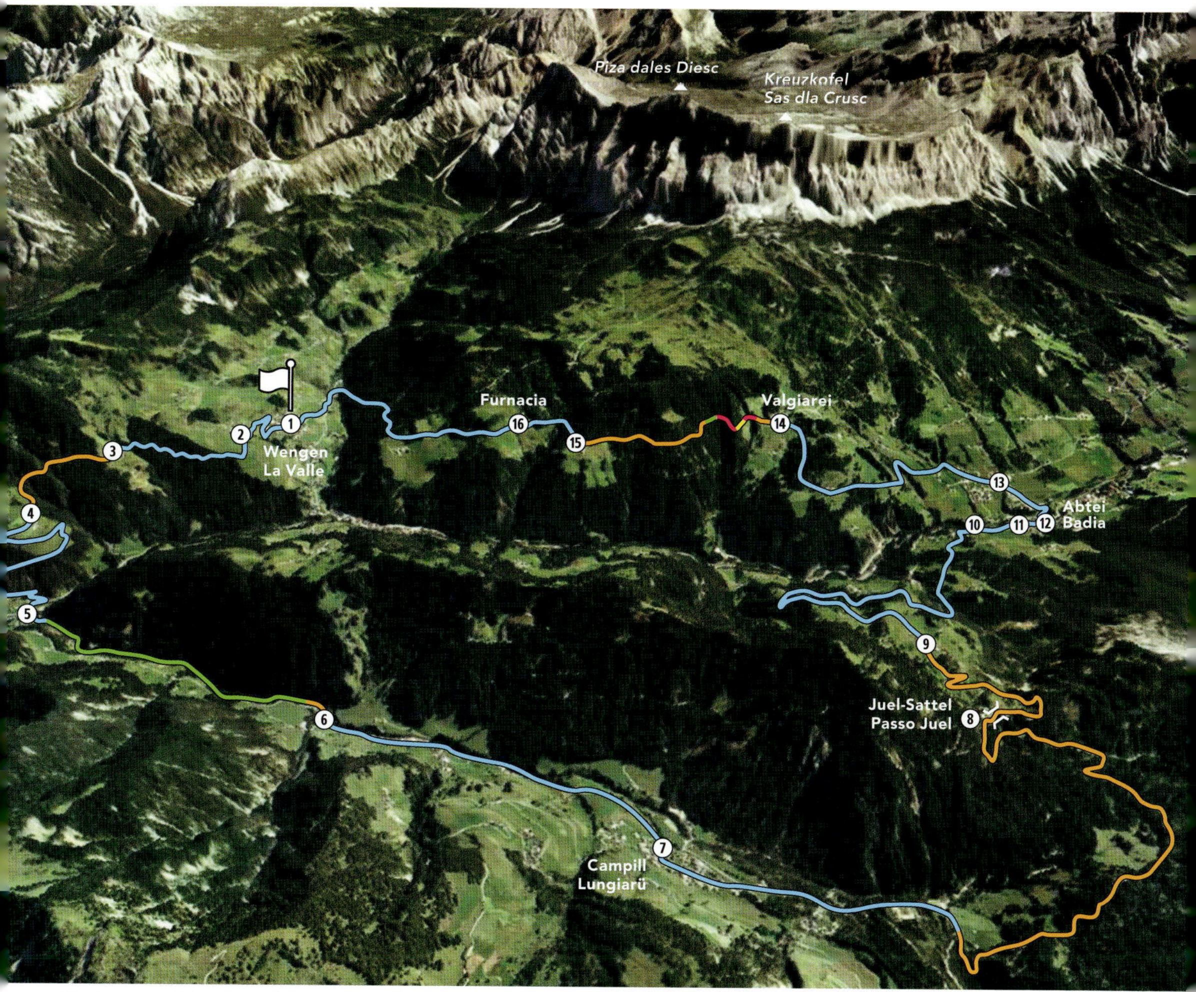

Ulteriore materiale cartografico per il tour: vedi a pagina 5

33 CORVARA–CHERZ–INCISA

Partenza e arrivo: Corvara, 1560 m

Punto più elevato: Rifugio Cherz, 2080 m

Lunghezza percorso: 17 km

Dislivello in salita: 700 m

Dislivello in discesa: 700 m

Tempo percorrenza: ca. 3 ore

Difficoltà: ●●●●●

Impegno fisico: ●●●●●

Uphill: ●●●●●

Downhill: ●●●●●

Periodo: giugno–ottobre

Accesso stradale:
A) Autostrada A22 del Brennero, uscita Bressanone Nord, Val Pusteria, Val Badia, Corvara
B) Passo Gardena, Corvara

Corvara giace a 1568 m di altitudine ai piedi del Sassongher, la montagna di casa del paese. Come altrove in Alta Badia, la località è caratterizzata dalla cultura tradizionale (qui si parla ladino) e dalla bellezza del paesaggio.

Clou di questo itinerario è senza dubbio l'altopiano di Pralongià, in virtù della spettacolare vista panoramica che da lì si gode, comprendente Sella, Marmolada e Gruppo di Fanes. Questa escursione richiede solo un po' di forma fisica e condizioni di bel tempo. E se ci si accomiata dai ladini con un "a s'udai" ("arrivederci") non mancheranno di rispondere con un sorriso.

Descrizione itinerario

Partiamo da Corvara ❶ 1560 m, percorriamo 2,2 km sulla SS 244 in direzione del Passo Campolongo (traffico intenso nei mesi estivi), passiamo davanti all'Hotel Planac ❷, andiamo avanti fino alla diramazione ❸, da qui a sinistra alla staz. a valle della Seggiovia Pralongià ❹ 1700 m; a sinistra del campo da golf saliamo in ripida pendenza lungo la strada N. 26 in direzione del Passo Campolongo, dopo ca. 2 km proseguiamo sulla 26A e superiamo il breve trail fino all'Albergo Boè, al di sotto del Passo Campolongo ❺ 1860 m. Da qui in ripida pendenza saliamo al Rifugio Cherz ❻ 2080 m, segue discesa su fondo sconnesso fino al Rifugio La Vizza ❼ 1780 m; ora saliamo ancora in forte pendenza, passiamo davanti al Rifugio Incisa ❽ 1930 m e ci portiamo al passo omonimo ❾; lungo la forestale N. 24 scendiamo alla Capanna Nera, traversiamo a destra sul breve trail sempre restando sulla via N. 24 e poi scendiamo all'Hotel Arlara ❿. Da qui breve discesa fino al punto di partenza a Corvara.

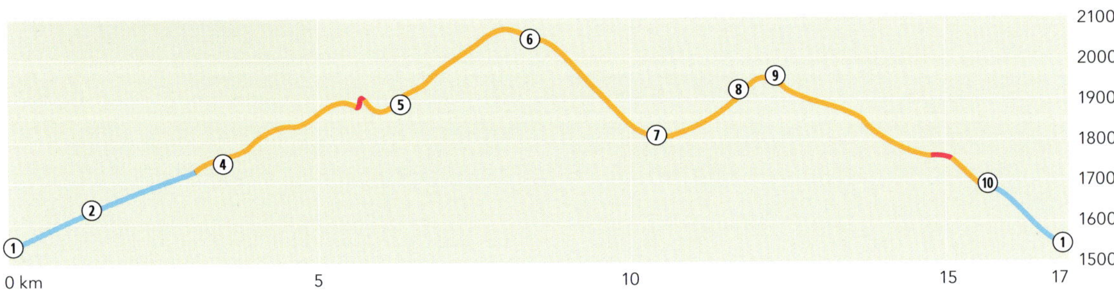

asfalto	strada forestale	bosco/prato	single trail
29 %	67 %	2 %	2 %

Ulteriore materiale cartografico per il tour: vedi a pagina 5

34 ALLE CASCATE DEL PISCIADÙ

Partenza e arrivo:
Corvara, staz. a valle Cabinovia Piz Boè, 1530 m

Punto più elevato:
Cascate del Pisciadù, 1720 m

Lunghezza percorso: 8 km

Dislivello in salita: 220 m

Dislivello in discesa: 220 m

Tempo percorrenza: 1 ½–2 ore

Difficoltà: ●●●●●

Impegno fisico: ●●●●●

Uphill: ●●●●●

Downhill: ●●●●●

Periodo: giugno–ottobre

Accesso stradale:
A) Autostrada A22 del Brennero, uscita Bressanone Nord, Val Pusteria, Val Badia, Corvara
B) Passo Gardena, Corvara

Cascate del Pisciadù

Non si può dire di essere stati in Alta Badia senza aver visto le cascate del Pisciadù, un vero spettacolo della natura sul massiccio del Sella! L'itinerario è molto adatto ai principianti e per fare un po' di rodaggio. Proprio per la bellezza delle cascate la strada che vi porta è molto frequentata dagli escursionisti. Il fatto è che gli spettacoli della natura non si possono purtroppo godere in esclusiva.

Anche la Val de Mesdì si trova nel Gruppo del Sella. Al suo ghiaione, che arriva a 45° di pendenza, le scoscese, opprimenti pareti rocciose che lo delimitano conferiscono il carattere di una gola. Da Colfosco, la località a maggior altitudine (1645 m) dell'Alta Badia, si può godere di una suggestiva vista sulla valle e le circostanti cime dolomitiche.

Descrizione itinerario

Dalla staz. a valle della Cabinovia Piz Boè a Corvara ❶ 1530 m andiamo fino al bivio presso il Bar del Lago ❷, qui entriamo a sinistra nel percorso attrezzato (bosco di Borest) ❸, inizialmente in forte pendenza seguiamo sempre le indicazioni per le "Cascate" (segnavia N. 28), all'incrocio ❹ (scorcio della Val de Mesdì con le cascate) proseguiamo diritti fino alla diramazione ❺ 1720 m; qui andiamo a destra lungo la via N. 650 in direzione di Colfosco fino allo sbocco nella SS 244 ❻. Scendiamo per 800 m lungo la stessa, passiamo sotto il cavalcavia della pista da sci e saliamo subito a sinistra ❼ al centro di Colfosco ❽ 1650 m. Lungo la via N. 10 passiamo dinanzi alla chiesa, in direzione est sul bel sentiero panoramico traversiamo le località Costa e Pescosta ❾ 1540 m, scendiamo brevemente fino a Corvara, attraversiamo la SS 244 e torniamo al punto di partenza.

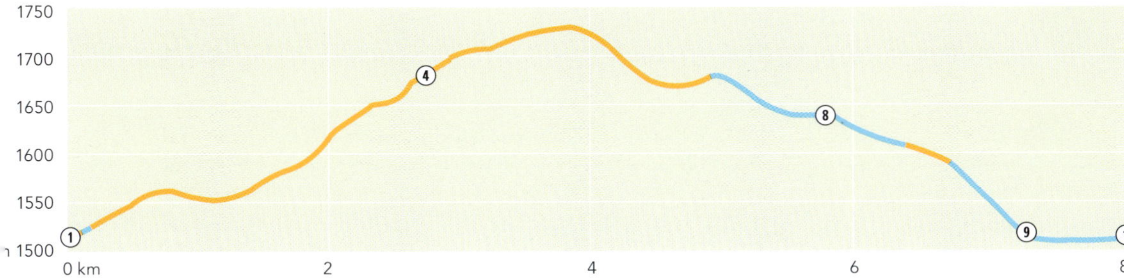

asfalto 35 %

strada forestale 65 %

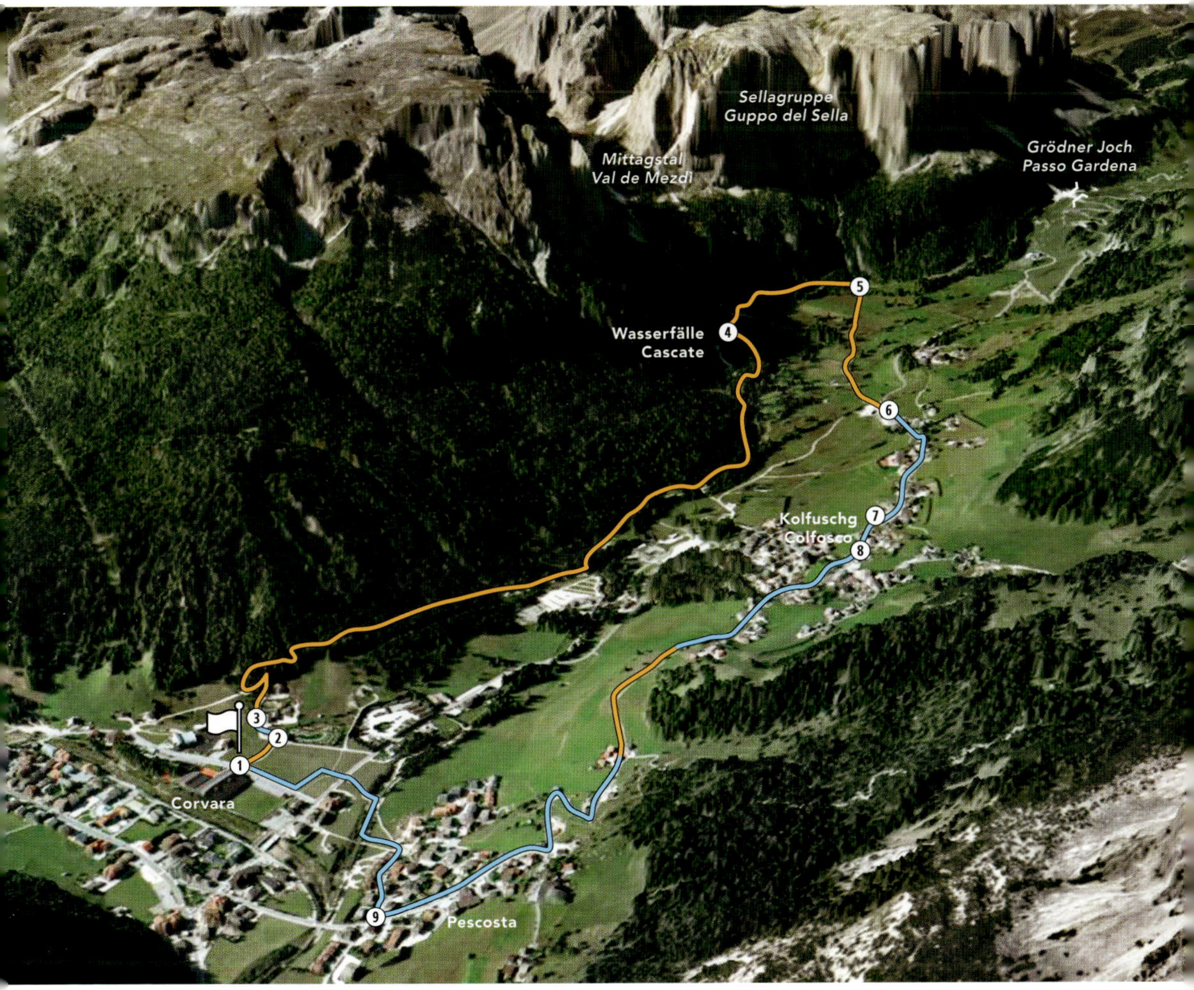

Ulteriore materiale cartografico per il tour: vedi a pagina 5

35 S. VIGILIO–VAL DI FANES-SENNES

Partenza e arrivo:
S. Vigilio, Centro Visite Parco Naturale, 1250 m

Punto più elevato:
Passo Limo, 2170 m
Rif. Sennes, 2120 m

Lunghezza percorso: 54 km

Dislivello in salita: 1680 m

Dislivello in discesa: 1680 m

Tempo percorrenza: 5–6 ore

Difficoltà: ●●●●●

Impegno fisico: ●●●●●

Uphill: ●●●●●

Downhill: ●●●●●

Periodo: giugno–settembre

Accesso stradale:
Autostrada A22 del Brennero, uscita Bressanone Nord, Val Pusteria, Val Badia, S. Vigilio di Marebbe

Lago di Limo

Durante la Prima Guerra Mondiale il fronte correva tra le Dolomiti, portandovi sangue e drammi umani. La guerra di posizione tra le forze austro-ungariche e quelle italiane fu aspra e dolorosa, sotto ogni punto di vista. Perfino tra i ghiacci della Marmolada furono scavate con l'esplosivo, da entrambe le parti belligeranti, due gallerie per rifornire le postazioni belliche. Molte cime, a dispetto della loro altezza, erano dotate di bocche da fuoco.

L'itinerario porta in Veneto, vicino a Cortina d'Ampezzo, attraverso la Val di Rudo fino al Passo di Limo e, attraverso la Val De Fanes, nel Parco Naturale "Dolomiti Ampezzane". Da 1915 al 1917 sui versanti settentrionali del Forame e delle Tofane furono impegnati in aspri combattimenti migliaia di soldati. Al di sopra della profondissima gola di Ponte Alto, passando per il Rifugio Ra Stua e attraversando la Valle Salata, si va fino al Rifugio Sennes, a ben 2120 m di quota. Qui bisogna disporre di riserve d'energia e di adeguati dischi dei freni per affrontare la lunga discesa fino a S. Vigilio. Sul sentiero di fondovalle per S. Vigilio d'estate c'è da aspettarsi un intenso passaggio di escursionisti.

Descrizione itinerario

Partiamo dal Centro Visite del Parco Naturale ❶ di S. Vigilio di Marebbe (1250 m), percorriamo 12 km lungo la strada attraverso la Val di Rudo fino a Pederù ❷ 1540 m, continuiamo a salire in forte pendenza al Rifugio Fanes ❸ 2060 m (attenzione, d'estate servizio bus navetta!); dopo il rifugio breve passaggio in salita con bici spinta a mano fino al Passo Limo ❹ 2170 m. Da qui proseguiamo per il laghetto omonimo ❺, scendiamo per la sconnessa forestale in Val di Fanes, al Rifugio Gran Fanes ❻ 2100 m andiamo a sinistra proseguendo la discesa in Val di Fanes, passiamo il Ponte Alto ❼ 1480 m. Dopo ca. 1,5 km verso valle arriviamo sotto la SS 51 che porta a Cortina d'Ampezzo, al bivio ❽ risaliamo a sinistra la ripida forestale fino al parcheggio di S. Uberto ❾, 1440 m; da qui percorriamo la strada asfaltata per il Rifugio Ra Stua ❿ 1680 m (attenzione, servizio di bus navetta nei mesi estivi!), dal rifugio andiamo avanti lungo la via N. 6, dapprima in moderata poi forte salita, attraverso la Val Salata fino al Rifugio Sennes ⓫ 2120 m. Scendiamo lungo comode forestali fino al casale di Fodara Vedla ⓬ 1970 m, superiamo 50 m di dislivello in salita e, lungo la scoscesa e tortuosa strada scendiamo a Pederù (molto ripida! Dopo precipitazioni fondo scivoloso!); a Pederù passiamo sul lato sinistro della valle ⓭, imbocchiamo il sentiero di fondovalle (molti passaggi con radici affioranti), ca. 1 km prima del Lago della Creta andiamo a destra ⓮, passiamo sulla strada per S. Vigilio e torniamo al punto di partenza.

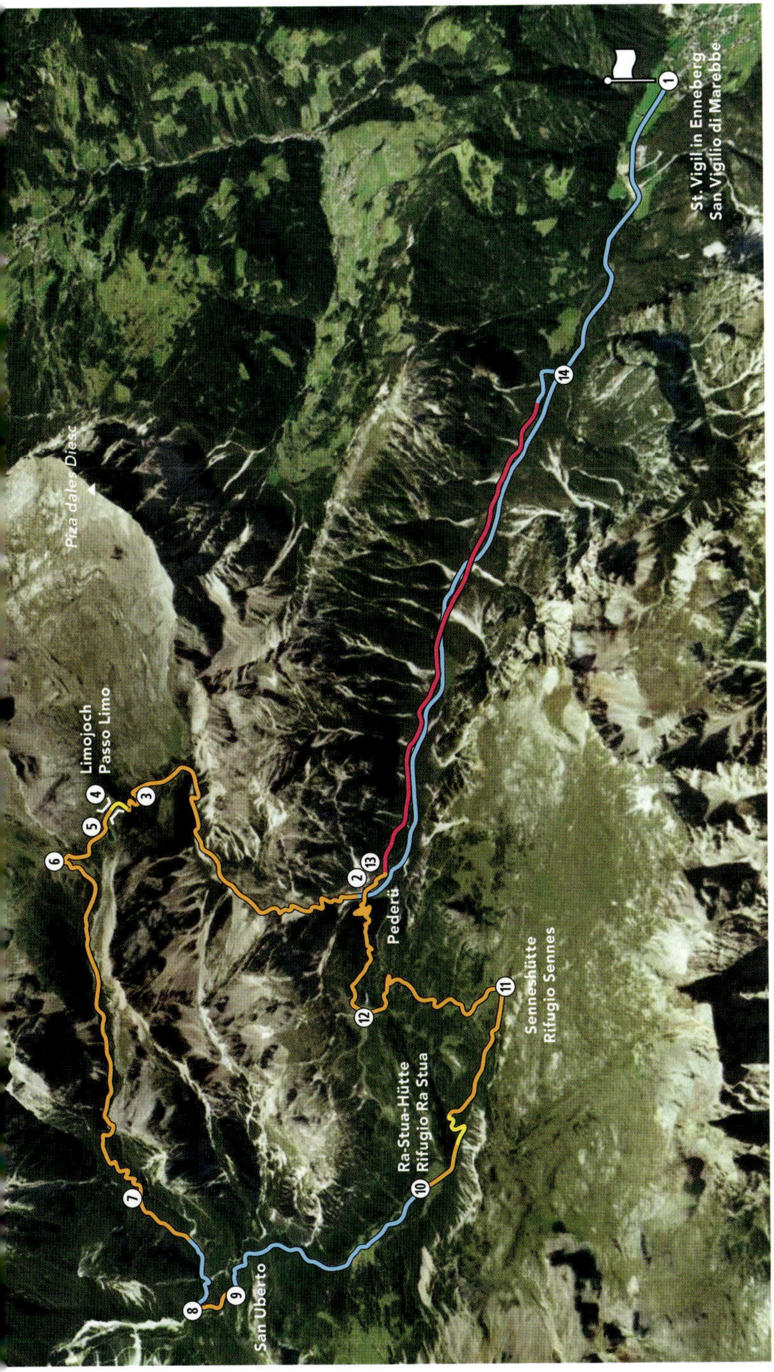

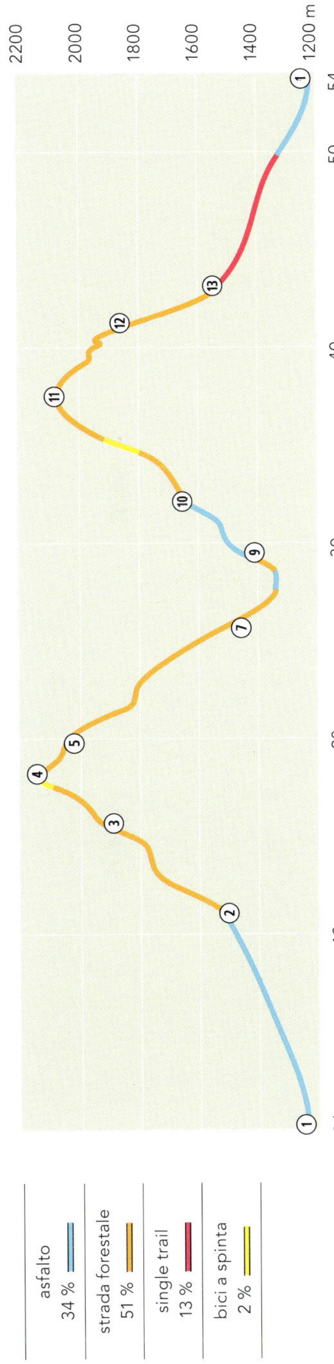

Ulteriore materiale cartografico per il tour: vedi a pagina 5

36 GIRO IN VALLE PRESSO S. VIGILIO

Partenza e arrivo: S. Vigilio, Centro Visite Parco Naturale, 1250 m

Punto più elevato: Pederù, 1540 m

Lunghezza percorso: 23 km

Dislivello in salita: 380 m

Dislivello in discesa: 380 m

Tempo percorrenza: ca. 2 ore

Difficoltà: ●●●●●

Impegno fisico: ●●●●●

Uphill: ●●●●●

Downhill: ●●●●●

Periodo: giugno–settembre

Accesso stradale: Autostrada A22 del Brennero, uscita Bressanone Nord, Val Pusteria, Val Badia, S. Vigilio di Marebbe

Ecco nuovamente un itinerario facile per principianti, o un primo approccio al Parco Naturale di Fanes-Sennes-Braies. Non per nulla si dice che S. Vigilio sia la "Porta delle Dolomiti"; per questo è un buon punto di partenza per numerose escursioni in MTB.

Dato che la località già si trova a una certa altitudine (quasi 1300 m), si risparmiano metri di dislivello, sentendosi quasi "in cima". Il biker che percorre l'itinerario lungo la strada a pedaggio (solo per le automobili) fino al Rif. Pederù sarà ricompensato da un ristoro come si deve. Sulla via del ritorno è consigliata prudenza per la presenza di alcuni passaggi scivolosi a causa di radici affioranti. Se si è in viaggio con bambini o in sella a una E-bike è opportuno fare ritorno alla base lungo la strada asfaltata.

Descrizione itinerario

Partiamo dal Centro Visite del Parco Naturale ❶ 1250 m, a S. Vigilio; percorriamo 12 km lungo la strada che si snoda in Val di Rudo e in Valle dei Tamersc fino alla meta (e punto di ritorno), il Rifugio Pederù ❷ 1540 m. Al bivio ❸ imbocchiamo a sinistra il sentiero di fondovalle (trail con radici affioranti), a 1 km ca. prima del Lago della Creta torniamo sulla strada asfaltata ❹ e lungo la stessa torniamo al punto di partenza, il Centro Visite del Parco Naturale.

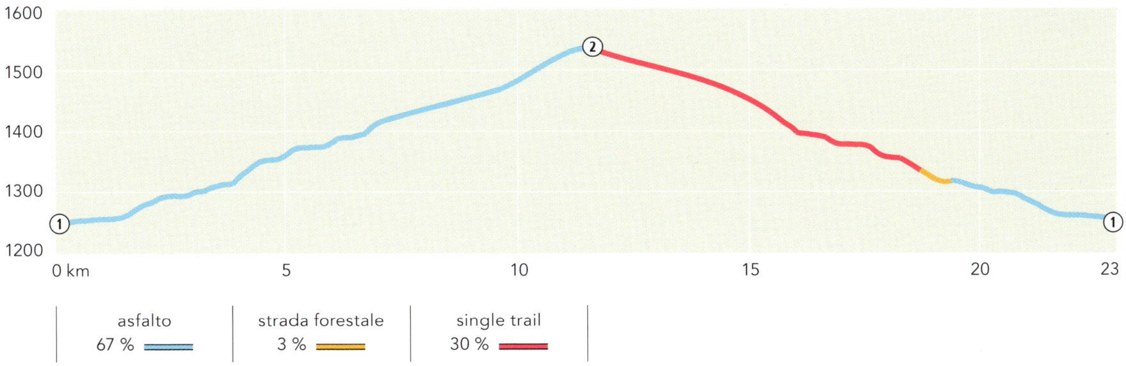

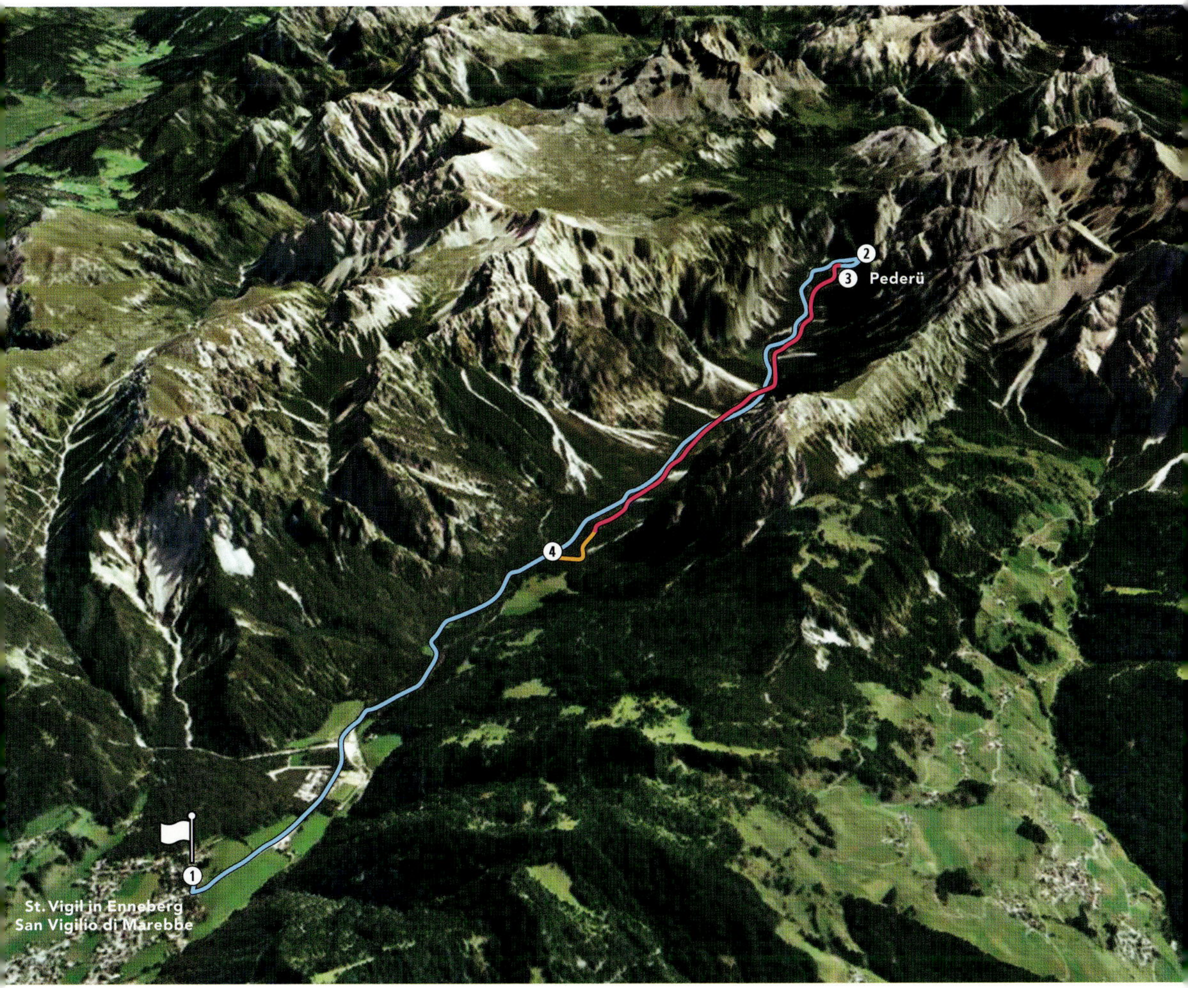

Ulteriore materiale cartografico per il tour: vedi a pagina 5

37 GIRO ALLA CRODA DEL BECO

Partenza e arrivo:
S. Vigilio di Marebbe, Centro Visite Parco Naturale, 1250 m

Punto più elevato:
Rif. Biella alla Croda del Beco, 2320 m

Lunghezza percorso: 42 km

Dislivello in salita: 1200 m

Dislivello in discesa: 1200 m

Tempo percorrenza: 4–5 ore

Difficoltà: ●●●○○

Impegno fisico: ●●●●○

Uphill: ●●●●○

Downhill: ●●●○○

Periodo: giugno–settembre

Accesso stradale:
Autostrada A22 del Brennero, uscita Bressanone Nord, Val Pusteria, Val Badia, S. Vigilio di Marebbe

Croda del Beco

Il Parco Naturale Fanes-Sennes-Braies, con una superficie di oltre 25.000 ettari, è la più vasta area protetta dell'Alto Adige. Uno delle zone centrali del Parco è costituita dall'altopiano di Sennes, la meta di questo itinerario. Esso offre non solo un incomparabile panorama, ma anche una gran varietà di piante. Abeti rossi, larici e pini cembri d'autunno, con il loro gioco di colori, rallegrano l'animo, mentre nei giorni tersi di bel tempo la vista spazia in profondità nella vicina Provincia di Belluno, dove svettano le Dolomiti Ampezzane.

Una vera e propria sfida per il mountain biker è la ripida ascesa (fino al 21 % di pendenza) da Pederù al Rifugio Biella. Essa si svolge in gran parte lungo l'Alta Via delle Dolomiti, una via molto amata che si snoda in tre aree linguistiche: quella tedesca della Val Pusteria, la ladina area di Fanes, e la italiana zona del Passo Falzarego a sud. Consigli per un buon ristoro: Albergo Pederù, Rifugio Fodara Vedla, Rifugio Sennes e Rifugio Biella alla Croda del Beco.

Descrizione itinerario

Partiamo dal Centro Visite del Parco Naturale a S. Vigilio di Marebbe ❶ 1250 m, percorriamo 12 km sulla strada che si snoda in Val di Rudo fino a Pederù ❷ 1540 m, saliamo per la ripida e tortuosa via N. 7 (qualche passaggio con bici spinta a mano) fino al casale di Fodara Vedla ❸ 1970 m; lungo la bella Alta Via (2 brevi passaggi con bici spinta a mano) andiamo fino alla diramazione ❹, qui a sinistra, sempre sulla via N. 7 continuiamo fino al Rifugio Sennes ❺ 2120 m; da qui proseguiamo in direzione est fino alla diramazione ❻, andiamo a sinistra lungo la via N. 6, saliamo in campo aperto fino al Rifugio Biella ❼ 2320 m. Da qui, punto più elevato dell'itinerario, torniamo indietro lungo la via dell'andata fino alla diramazione ❻, scendiamo a sinistra per ca. 300 m, poi percorriamo a destra ❽ il trail fino allo sbocco ❹, scendiamo lungo la via di salita fino all'incrocio ❾ 2010 m. Proseguiamo a destra imboccando il trail, andiamo fino alla via di salita, continuiamo a scendere (attenzione: percorso molto ripido, passaggi su radici affioranti, fondo sdrucciolevole dopo piogge, molti escursionisti sul tracciato nei mesi estivi!) fino a Pederù; da qui lungo la strada torniamo al punto di partenza, il Centro Visite del Parco Naturale (come alternativa da Pederù si può tornare al punto di partenza lungo il sentiero di valle).

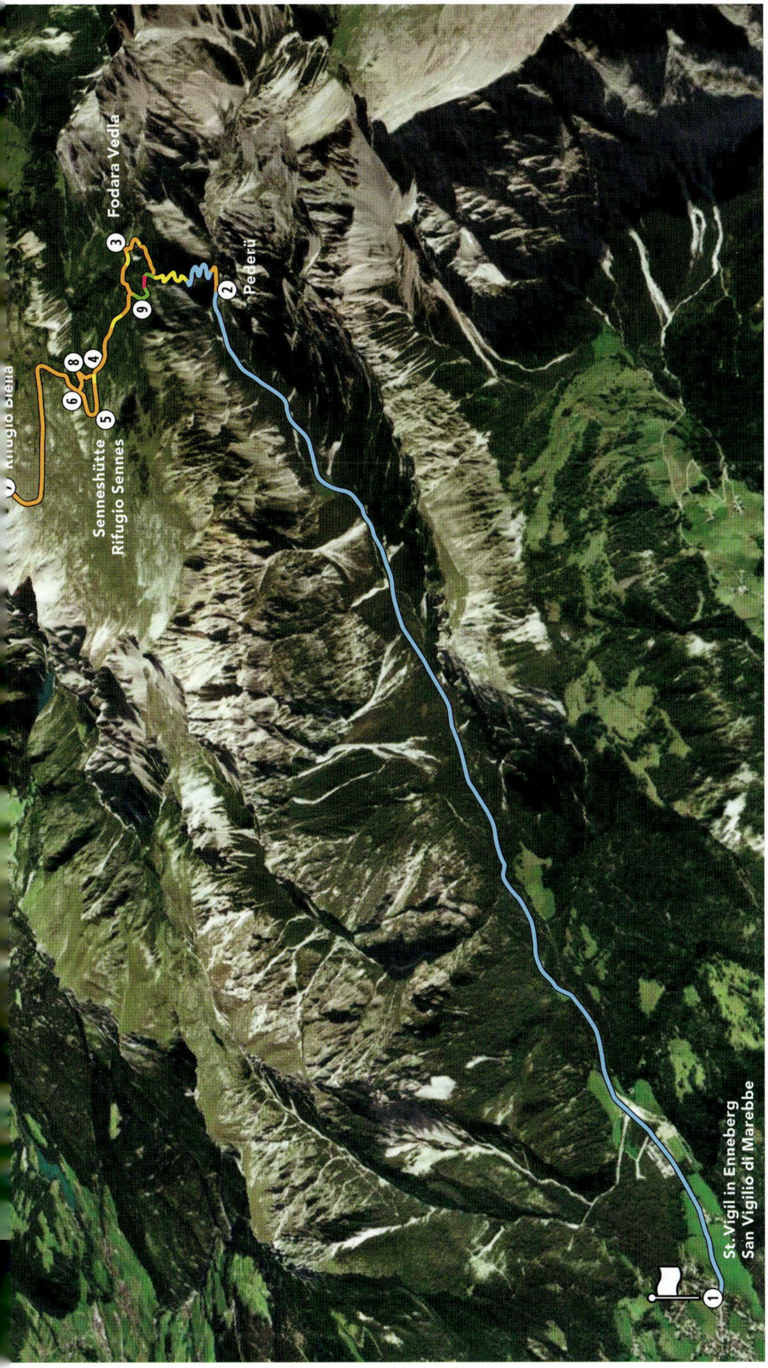

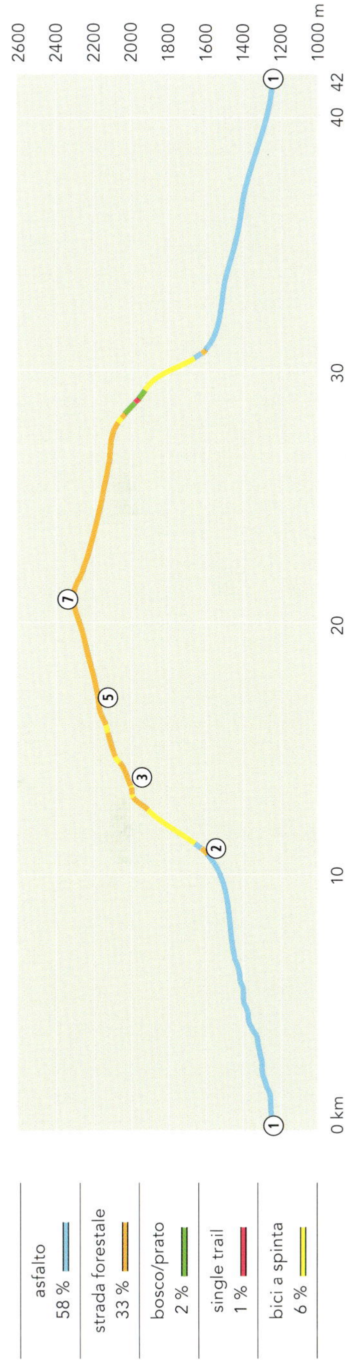

Ulteriore materiale cartografico per il tour: vedi a pagina 5

38 S. VIGILIO–PRATOPIAZZA–S. VIGILIO

Partenza e arrivo:
S. Vigilio di Marebbe, Centro Visite Parco Naturale, 1250 m

Punto più elevato:
Passo di Furcia, 1750 m
Pratopiazza, 1990 m
Rif. Sennes, 2120 m

Lunghezza percorso: 85 km

Dislivello in salita: 2800 m

Dislivello in discesa: 2800 m

Tempo percorrenza: itinerario di due giorni

Difficoltà: ●●●●●

Impegno fisico: ●●●●●

Uphill: ●●●●●

Downhill: ●●●●●

Periodo: giugno–settembre

Accesso stradale:
Autostrada A22 del Brennero, uscita Bressanone Nord, Val Pusteria, Val Badia, S. Vigilio di Marebbe

Per questo itinerario o si dispone già di una preparazione a misura di maratona, oppure bisogna prendersi due giorni di tempo. Il tracciato non solo si sviluppa in parte su quello della "Dolomiti Superbike", ma non ha neppure nulla da invidiargli.

Certo il meraviglioso paesaggio con le Dolomiti di Braies, il Gruppo del Cristallo nelle Dolomiti Ampezzane o la Croda Rossa rende meno duro lo sforzo; ciò non toglie che comunque bisogna macinare ben 2800 m di dislivello. Ci sono un paio di chilometri lungo la ciclabile della Val Pusteria e il vecchio tracciato della ferrovia Dobbiaco-Cortina, ora ciclabile, che consentono di riprendere fiato. Il resto è duro lavoro di biker in un favoloso scenario alpino.

Descrizione itinerario

Partiamo dal Centro Visite del Parco Naturale a S. Vigilio ❶ 1250 m. Andiamo verso lo sbocco della valle fino alla strada che porta al Passo di Furcia; alla cabinovia La Miara ❷ svoltiamo a destra sulla via N. 1 seguendo le indicazioni per il Passo di Furcia. Al primo incrocio ❸ andiamo avanti diritti fino alla diramazione ❹, qui a sinistra fino all'Albergo La Miara ❺ 1500 m; alla biforcazione ❻ sopra la località Rara andiamo diritti, saliamo fino al Passo di Furcia ❼ 1750 m, seguiamo la strada verso Valdaora per ca. 300 m e poi svoltiamo a destra ❽ nella via N. 3 e percorriamo in discesa il single trail in direzione Bagni di Pervalle, fino alla strada per il Passo di Furcia ❾. Scendiamo lungo la stessa per 400 m, al bivio ❿ andiamo a destra fino all'Albergo Trattes ⓫, da qui costeggiando il torrente ci portiamo ai Bagni di Pervalle ⓬ 1320 m. Poco prima della staz. a valle della cabinovia "Gassl" ⓭ passiamo a destra sulla via N. 32, seguendo le indicazioni per Valdaora di Mezzo/Mitterolang, alla biforcazione ⓮ proseguiamo a destra sulla via N. 32A fino a Valdaora di Sopra, attraversiamo il

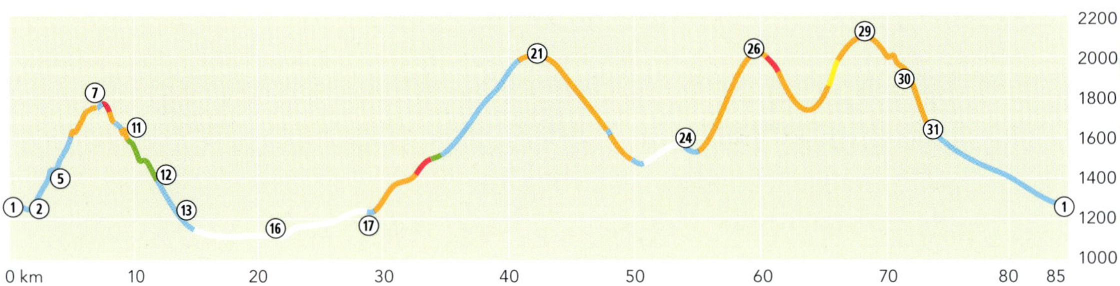

asfalto	pista ciclabile	strada forestale	bosco/prato	single trail	bici a spinta
35 %	20 %	37 %	4 %	3 %	1 %

Ulteriore materiale cartografico per il tour: vedi a pagina 5

centro del paese e continuiamo il viaggio sulla ciclabile della Val Pusteria ⓯ in direzione di Dobbiaco, passiamo per Monguelfo ⓰ 1090 m, dopo ca. 3 km lasciamo la ciclabile per andare in direzione di Braies/Ferrara, aggiriamo Ferrara ⓱ 1220 m, attraversiamo la strada per il Lago di Braies ⓲ e, sulla via N. 37/37A andiamo in direzione di Ponticello. Alla diramazione ⓳ restiamo a destra e proseguiamo sul trail fino a Ponticello ⓴ 1490 m, seguiamo la strada asfaltata fino a Passo Pratopiazza ㉑ 1990 m, scendiamo lungo la via N. 37 fino allo sbocco ㉒ nella SS 51 Dobbiaco-Cortina. Da qui torniamo indietro a sinistra per 1 km fino al bivio per il Lago di Misurina, imbocchiamo a destra la ciclabile ㉓ in direzione Cortina, sulla stessa andiamo fino a Passo Cima Banche ㉔ 1530 m.

Ora passiamo sulla strada statale e percorriamo 1 km fino alla diramazione ㉕, qui andiamo a destra seguendo le indicazioni per la Val di Gotres (strada N. 8). Saliamo fino alla forcella Portea de Lerosa ㉖ 2020 m; dopo ca. 300 m la strada si biforca ㉗, seguiamo a sinistra le indicazioni per Ra Stua, su single trail andiamo fino all'imbocco nella forestale; a breve distanza dal Rifugio Ra Stua ㉘ 1690 m andiamo a destra sulla via N. 6 attraverso la Val Salata (breve passaggio con bici spinta a mano) e ci portiamo al Rifugio Sennes ㉙ 2120 m. Scendiamo per l'Alta Via delle Dolomiti N. 7, passiamo per il casale di Fodara Vedla ㉚ 1970 m, continuiamo a scendere per ripide serpentine (pendenza fino al 21 %) fino a Pederù ㉛ 1540 m, e percorriamo la strada della Val di Rudo per tornare al Centro Visite del Parco Naturale a S. Vigilio, da cui eravamo partiti.

39 AL PASSO DI FURCIA

Partenza e arrivo: S. Vigilio, Staz. a valle "Miara", 1220 m

Punto più elevato: Passo di Furcia, 1750 m

Lunghezza percorso: 12 km

Dislivello salita: 500 m

Dislivello in discesa: 500 m

Tempo percorrenza: 2–3 ore

Difficoltà: ●●●●●

Impegno fisico: ●●●●●

Uphill: ●●●●●

Downhill: ●●●●●

Periodo: giugno–settembre

Accesso stradale: Autostrada A22 del Brennero, uscita Bressanone Nord, Val Pusteria, Val Badia, S. Vigilio di Marebbe

Il Passo di Furcia, a 1750 m di quota tra il Plan de Corones alto 2275 m e il Piz da Peres alto 2507 m, collega S. Vigilio di Marebbe con Valdaora in Val Pusteria.

Tra gli appassionati della bici da corsa è molto conosciuto come il più corto e meno trafficato collegamento tra la Val Badia e la Val Pusteria Orientale. Sul versante affacciato a sud a monte di S. Vigilio, d'estate durante questo itinerario i "motori" si scalderanno rapidamente, anche in considerazione dei 500 m di dislivello da superare. Caso mai mancherà un po' di "benzina" soprattutto ai principianti, viste le brevi ma toste salite che si troveranno ad affrontare.
Un consiglio prezioso: una puntata al paesino di Pieve di Marebbe. L'abitato ha conservato un carattere decisamente rurale. Il centro storico con la chiesa parrocchiale di Marebbe, un santuario mariano, espressione di autentica cultura ladina, ha un fascino del tutto particolare.

Descrizione itinerario

Dalla staz. a valle della Cabinovia "Miara" ❶ 1220 m seguiamo in ripida pendenza il segnavia N. 1 per il Passo di Furcia fino all'incrocio ❷; da qui andiamo diritti alla biforcazione ❸, proseguiamo a sinistra sempre verso monte fino al Ristorante "La Miara" ❹ 1500 m, andiamo avanti fino all'incrocio ❺, continuiamo diritti sulla forestale, al di sopra della località "Rara", all'incrocio, andiamo a destra sempre seguendo la segnaletica per il Passo di Furcia; arrivati sullo stesso ❻ 1750 m, andiamo a sinistra scendendo lungo la strada del passo, passiamo per le località di Costamesana ❼ 1510 m e Curt ❽ e torniamo al punto di partenza.

Sass dla Crusc

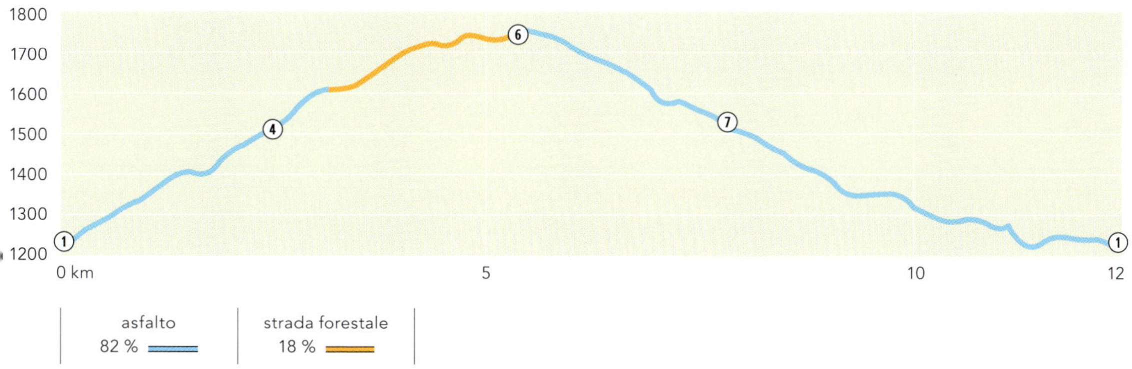

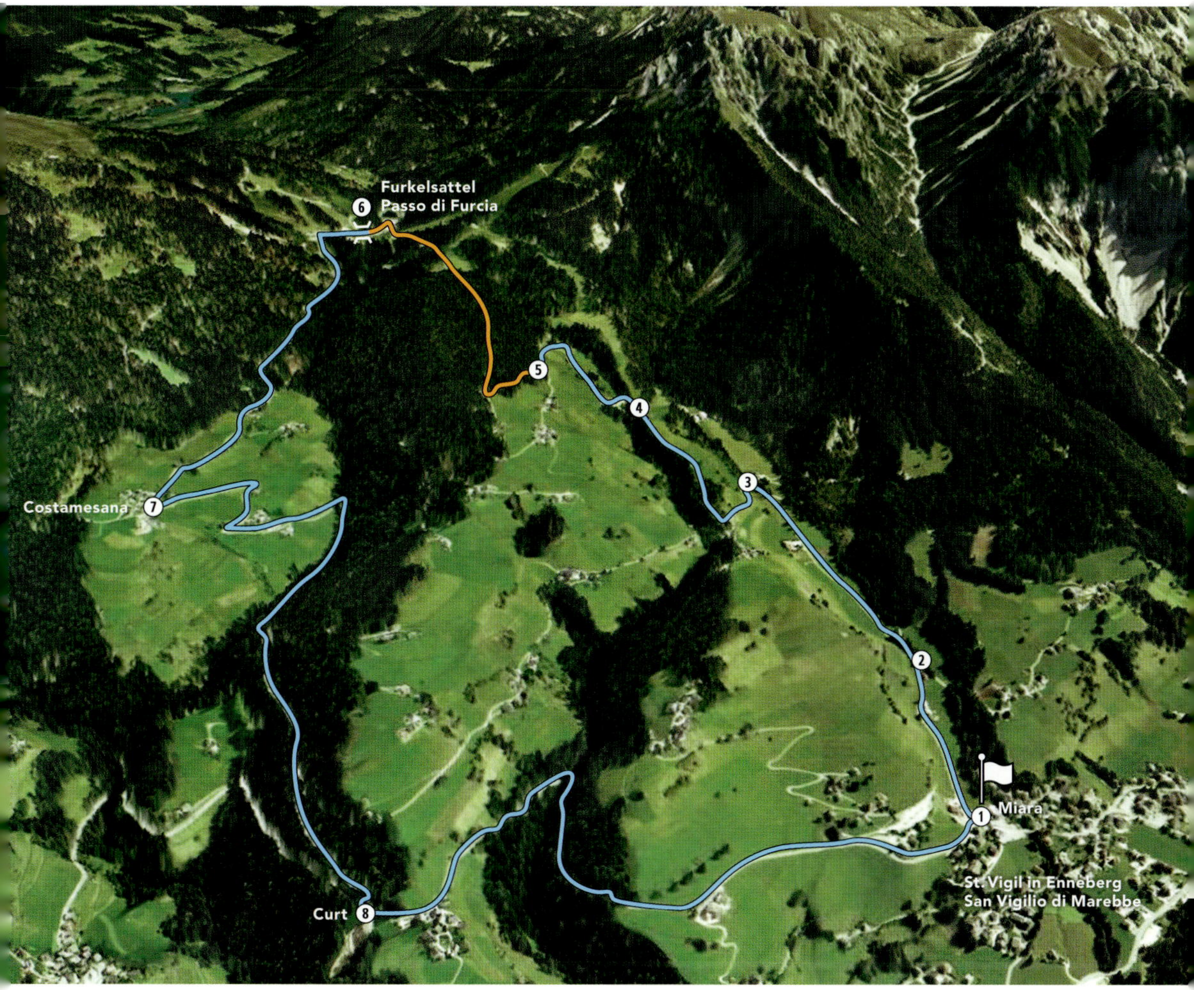

Ulteriore materiale cartografico per il tour: vedi a pagina 5

40 GIRO A PLAN DE CORONES

Partenza e arrivo:
staz. a valle Cabinovia Plan de Corones, 950 m

Punto più elevato:
Plan de Corones, 2260 m

Lunghezza percorso: 32 km

Dislivello in salita: 1400 m

Dislivello in discesa: 1400 m

Tempo percorrenza: 4–5 ore

Difficoltà: ●●●●●

Impegno fisico: ●●●●●

Uphill: ●●●●●

Downhill: ●●●●●

Periodo: giugno–settembre

Accesso stradale:
Val Pusteria, Riscone (Brunico)

Plan de Corones

Al margine delle Dolomiti si eleva la montagna di casa di Brunico, il Plan de Corones che, con i suoi 2260 m di altitudine, è anche una bella montagna panoramica. La zona sciistica, con 116 km di piste e 32 impianti di risalita, è un importante comparto economico dell'intera Val Pusteria.

Curiosamente sulla cima si trova un'imponente campana. La "Concordia 2000" detiene, con le sue 18,1 tonnellate di peso, il primato di più grande campana dell'arco alpino. Nel basamento circolare ci sono una piattaforma panoramica e un rilievo bronzeo con i nomi, la direzione e l'altezza delle cime circostanti.
L'uphill fino al pianoro sommitale del Plan de Corones – si tratta di 16 km con 1300 m di dislivello – deve essere affrontato senza soluzione di continuità e quindi è assai impegnativo. Attenzione quando si scende: il tratto che va dal Rif. Geiselberger fino al Rif. Pracken è ripidissimo e mette a dura prova i freni.

Descrizione itinerario

Dalla staz. a valle ❶ 950 m della Cabinovia Plan de Corones torniamo indietro in direzione di Riscone, alla Haus Alpenblick ❷ seguiamo a destra la segnaletica per Malga Ochsen, alla diramazione ❸ andiamo a destra sulla strada forestale con segnaletica Malga Ochsen/Plan de Corones, passiamo per Malga Ochsen ❹ 1900 m, continuiamo a salire fino alla biforcazione ❺; da qui andiamo a sinistra fino al Plan de Corones ❻ 2260 m (Ristorante Corones aperto). Proseguiamo in direzione est, seguiamo il cartello indicatore staz. a valle di Valdaora fino al Rif. Geiselberger ❼ 2090 m; ora a sinistra sempre in direzione della stazione a valle di Valdaora (passiamo davanti a Olang 1+2) in ripidissima discesa fino al Rifugio Pracken ❽ 1810 m, poi a sinistra sulla strada asfaltata (segnaletica Brunico/Hexenplatzl) e lungo la stessa proseguiamo per ca. 2 km fino al bivio ❾ 1580 m. Da qui imbocchiamo a sinistra la forestale (sbarra, nessuna indicazione) e la percorriamo fino all'incrocio ❿; da lì a sinistra lungo la via N. 14 in direzione di Brunico/Hexenplatz, lungo la forestale e in parte sulla pista da sci Ried, scendiamo fino a Riscone tornando al punto di partenza, la staz. a valle della Cabinovia Plan de Corones.

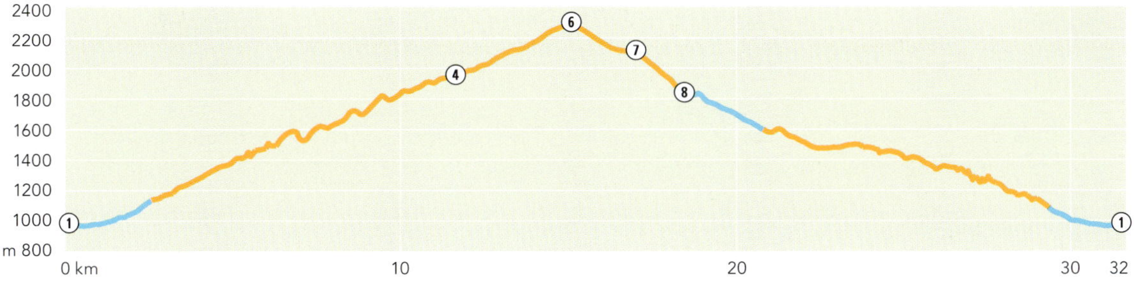

asfalto 23 %

strada forestale 77 %

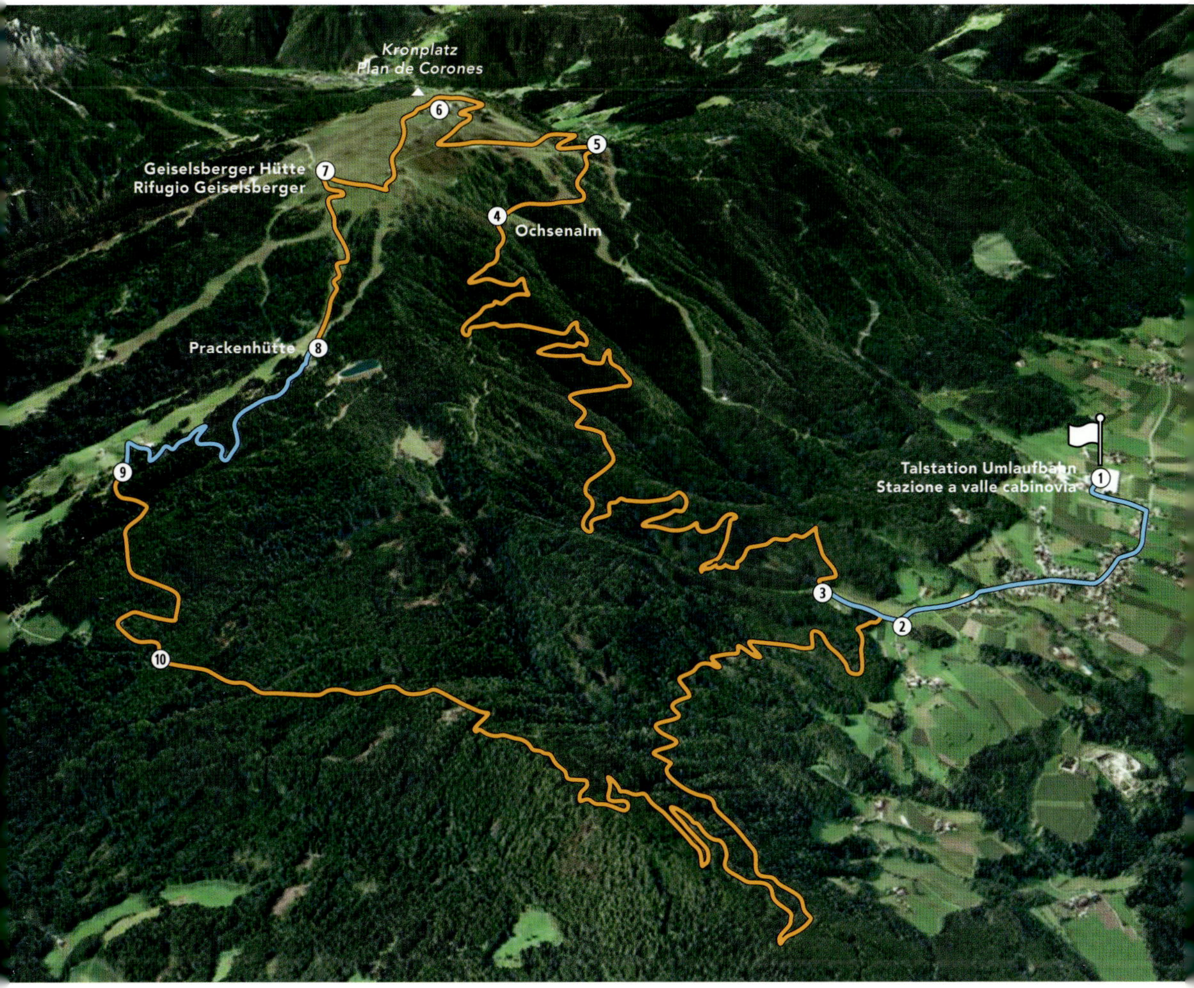

Ulteriore materiale cartografico per il tour: vedi a pagina 5

41 SULLE TRACCE DEL GIRO D'ITALIA

Partenza e arrivo:
staz. a valle Cabinovia Plan de Corones, 950 m

Punto più elevato:
Plan de Corones, 2260 m

Lunghezza percorso: 46 km

Dislivello in salita: 1680 m

Dislivello in discesa: 1680 m

Tempo percorrenza: 4–5 ore

Difficoltà: ●●●●●

Impegno fisico: ●●●●●

Uphill: ●●●●●

Downhill: ●●●●●

Periodo: giugno–ottobre

Accesso stradale:
Val Pusteria, Riscone (Brunico)

Sorafurcia

Un itinerario solitario ma non facile, sulla tracce della gara ciclistica più importante d'Italia, il "Giro d'Italia".

Sotto il Reischacher Köpfl c'è addirittura un passaggio con bici da spingere a mano di 80 m di dislivello. La vera "ascesa" ha tuttavia inizio a partire dal Santuario di Sares. La successiva meta di pellegrinaggio, Pieve di Marebbe, giace sui ripidi versanti rivolti a sud sopra S. Vigilio di Marebbe. Plan de Corones è il punto più elevato dell'itinerario.

Descrizione itinerario

Dalla staz. a valle ❶ 950 m della Cabinovia Plan de Corones torniamo indietro lungo la strada fino all'incrocio, qui andiamo a sinistra fino a S. Stefano, passiamo per l'abitato e all'incrocio ❷ andiamo a destra, scendiamo un po' lungo la strada N. 15 per Maria Sares, al maso ❸ svoltiamo a sinistra proseguendo fino all'incrocio di Palù ❹ 915 m; lì andiamo avanti diritti, scendiamo un po' verso valle lungo la strada N. 15 fino al bivio ❺, poi prendiamo a sinistra e scendiamo leggermente fino a Maria Sares ❻ 980 m, proseguiamo lungo la strada N. 12 fino a Pieve di Marebbe ❼ 1290 m; dal centro del paese saliamo in ripida pendenza seguendo il segnavia per S. Stefano, alla biforcazione prima del casale La Costa ❽ andiamo a destra sulla strada N. 2, passiamo per Fordora e raggiungiamo la località di Frena. Poi a sinistra la forestale ❾ 1550 m (attenzione, il passaggio vietato alle MTB non vale per la salita!) e la percorriamo fino a un crocifisso in legno ❿, saliamo a sinistra fino al bivio ⓫ 1940 m, andiamo a sinistra sulla N. 2, breve passaggio con bici spinta a mano. Al Reischacher Köpfl ⓬ 2020 m superiamo il breve trail, segnaletica per la staz. a valle di Riscone, scendiamo alla forestale ⓭; da qui saliamo a sinistra fino alla staz. a monte della cabinovia ⓮ 2260 m; ora andiamo in direzione est, seguiamo il cartello per la staz. valle di Valdaora fino al Rif. Geiselsberger ⓯ 2090 m, proseguiamo a sinistra sempre in direzione della staz. a valle di Valdaora (passando per Olang 1+2) scendendo in ripida pendenza fino al Rifugio Pracken ⓰ 1810 m; da qui svoltiamo a destra sulla strada N. 5B e andiamo fino all'incrocio ⓱ 1750 m. Ora a sinistra seguendo il segnavia N. 3 per Sorafurcia fino allo sbocco nella strada per il Passo di Furcia ⓲ 1380 m; passiamo per Sorafurcia e andiamo avanti per ca 1,2 km scendendo fino all'Hotel Hubertus ⓳ 1310 m, da qui saliamo a sinistra seguendo la segnaletica per Brunico, arriviamo a un incrocio ⓴, scendiamo a destra lungo la via N. 14 per Brunico/Hexenplatz; in parte lungo la pista da sci "Ried", in parte su forestali andiamo fino allo sbocco ㉑, prendiamo la strada a destra fino alla Pensione Alpenblick ㉒ 1060 m e da qui andiamo a sinistra in direzione di Riscone, tornando al punto di partenza.

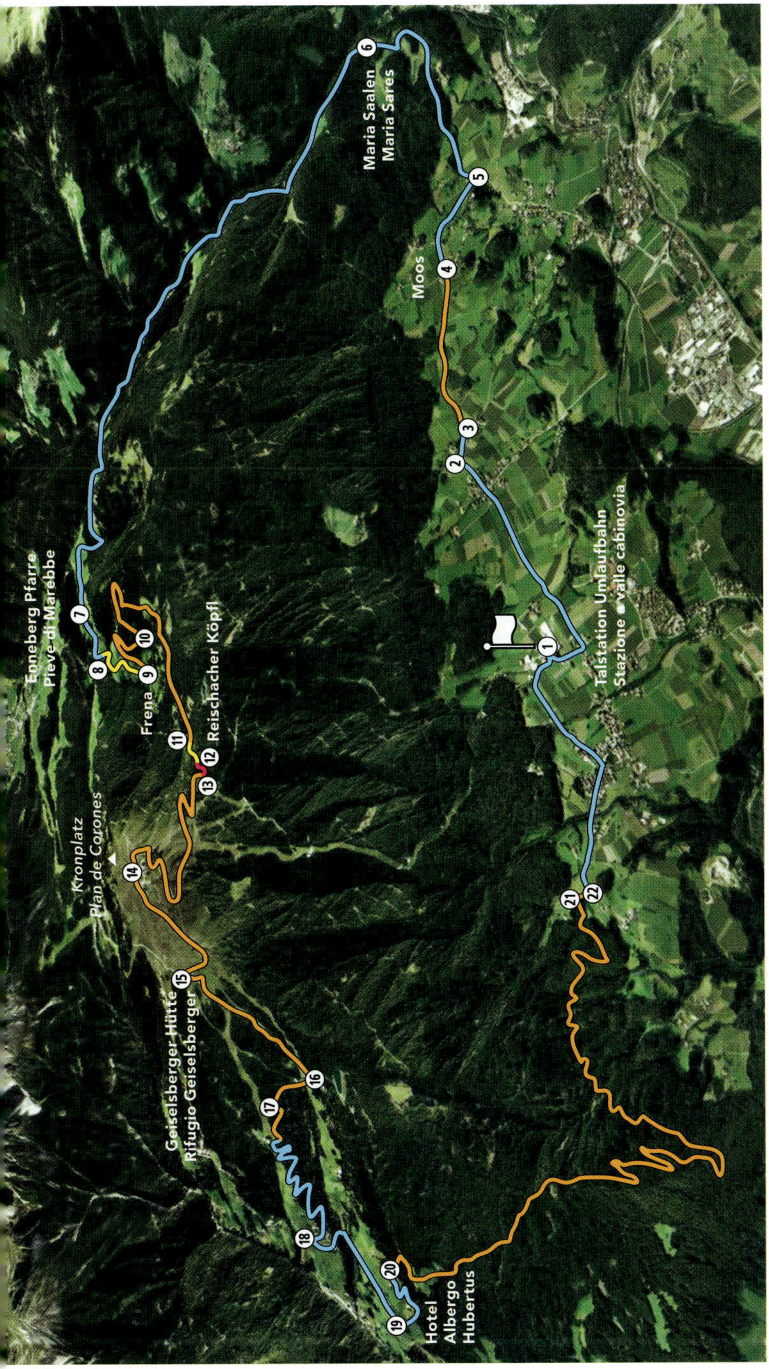

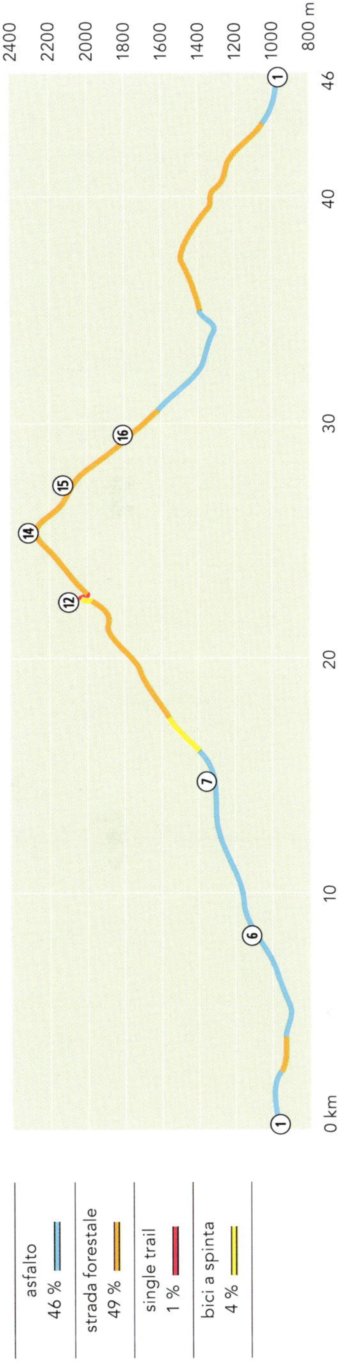

Ulteriore materiale cartografico per il tour: vedi a pagina 5

sellaRONDA MTBTRACK TOUR

GUIDED TOUR

MTB-TOUR

1 IN SENSO ORARIO

Lungh. percorso: 65 km
senza impianti: 550 m di dislivello
con impianti: 3980 m di dislivello

2 IN SENSO ANTIORARIO

Lungh. percorso: 55/56 km
senza impianti: 1200/1640 m di disl.
con impianti: 3100/3200 m di disl.

3D VIDEO

www.sellarondatour.com

sellaRONDA
MTBTRACK
E-BIKE

GUIDED TOUR

E-BIKE-TOUR

3D VIDEO

IN SENSO ORARIO
Lungh. percorso: 71 km
senza impianti: 700 m di dislivello
con impianti: 3600 m di dislivello

IN SENSO ANTIORARIO
Lungh. percorso: 58/62 km
senza impianti: 750/1150 m di disl.
con impianti: 3000 m di dislivello

E-Bike charging points

www.sellarondatour.com

Foto: Scott Marketing
DOLOMITES
3DMAP
WWW.3D-DOLOMITES.COM
NEW
MTB TRAILMAP
VAL GARDENA/ALPE DI SIUSI
• 28 top-tracks + SellaRonda
• 3D-panorama-map
• GPS 1:25.000
• Profili altimetrici
• Percentuali di salita
• Classificazione tipo di terreno
• Gradi di difficoltà
• Alberghi e ristori bike-friendly
• Bikeservices e hotspots
antistrappo e waterproof
Wolkenstein Gröden
Selva Gardena
Sëlva
27
Selva Gardena
Wolkenstein
28 TRACKS
CARTINA MTB
MTB KARTE
MOUNTAIN BIKE MAP
VAL GARDENA
ALPE DI SIUSI
GRÖDEN • SEISER ALM
DOLOMITES - ITALY
DOLOMITES
3DMTB
WWW.3D-DOLOMITES.COM
€ 8.50
SCALA 1:25.000
3D MAP
TAPPEINER.
In vendita nelle migliori librerie o su www.tappeiner.it

DOLOMITES
3DMTB
WWW.3D-DOLOMITES.COM
sellaRONDA
MTBTRACK
E-BIKE
sellaRONDA
MTBTRACK
TOUR
SÜDTIROL
sellaRONDA
HERO
SCOPRI
LE MERAVIGLIE
DELLE DOLOMITI IN 3D
SPETTACOLARI PERCORSI
IN MOUNTAIN BIKE,
PARCHI FREERIDE
E SERVIZI UTILI PER PIANIFICARE
LA TUA GIORNATA PERFETTA
IN MOUNTAIN BIKE
SULLE MONTAGNE
PIÙ BELLE DEL MONDO.
VISITA
WWW.3D-DOLOMITES.COM

SELLARONDA
In senso antiorario / Gegen den Uhrzeigersinn / Counter-clockwise - 53 km, 3.000 hm (netto 1.300 hm)
Discese tecniche / Technische Abfahrten / Technical downhills
Condizione / Ausdauer / Endurance

Dolomiti
adventures
ROCK AND SNOW
Bianchi
GORE
BIKE WEAR
SCOTT
OFFICIAL
HERO
SHOP
ONLINE BIKESHOP
dolomiti-adventures.com
dolomiti-adventures.com | Selva Val Gardena – Str. Meisules 242

Aktiv- & Vitalhotel Taubers Unterwirt ★★★★

L'Aktiv & Vitalhotel Taubers Unterwirt, membro dei "BikeHotels Alto Adige" e "Eisackbike", dal 2011 dispone di una scuola di bike, la "Brixibike".

Quest'hotel, annoverato tra i professionisti del settore, tra le sue offerte standard comprende cinque tour settimanali guidati, suddivisi in due gruppi di diverso livello, abbigliamento certificato, veicolo di accompagnamento (se necessario), GPS con tour, noleggio bici e caschetti, impianto di lavaggio, deposito con serratura e tavola rotonda dei biker con consulenza e organizzazione tour. Ai cinque tour settimanali parteciperà anche Helmut, il padrone di casa.

I pacchetti bike comprendono energy drink, barrette power e massaggi per sciogliere l'acido lattico. L'hotel dispone di un'ampia oasi wellness con piscina indoor e outdoor, area saune, sale per i trattamenti e il fitness, oltre che possibilità per l'allenamento a secco. Il Vital trainer è a disposizione con i suoi consigli per evitare l'eccessivo affaticamento muscolare e con gli esercizi di rilassamento per una perfetta giornata in sella. Massaggi, impacchi e bagni di ogni tipo completano l'offerta.

Anche l'alimentazione è armonizzata con una vacanza attiva, dalla ricca colazione Vital ai menù degustazione di 5 portate con piatti raffinati della cucina locale e mediterranea.

Un'apprezzata novità del Taubers Unterwirt sono le "Bergmönchbike", trasportabili in vetta come fossero zaino, che una volta rimontate consentono di lanciarsi in divertenti discese.

Via Josef Telser, 2
I-39040 Velturno (BZ)
Tel. +39 0472 855225
Fax +39 0472 855048
www.unterwirt.com
info@unterwirt.com
Periodo d'apertura: tutto l'anno

BikeHotels Südtirol

INFO POINT · RENT A BIKE · TAXI

Ristoro Moar – appartamenti per vacanze

Specializzata in vacanze per biker e famiglie, quest'azienda offre tipiche specialità di selvaggina e agnello, ricette e dolci fatti in casa, oltre che piatti caldi tutto il giorno. Ideale per feste familiari e piacevoli Törggelen. Ampio parco giochi e minizoo. Due appartamenti e camerate con 8-10 posti letto e prima colazione.

S. Giacomo, 18A
I-39040 Funes (BZ)
Tel. +39 0472 840318
Fax +39 0472 840318
www.jausenstationmoar.it
info@jausenstationmoar.it
Periodo d'apertura: da inizio aprile a fine novembre
Giorno di riposo: lunedì (fatta eccezione in luglio, agosto e settembre)

24h

Rifugio Zallinger

La meravigliosa vista panoramica, l'idilliaca chiesetta, la tranquilla posizione ai piedi del Sassopiatto e l'accurata cucina sono solo alcune delle peculiarità di questo straordinario rifugio. Per scoprire le altre stuzzicanti caratteristiche v'invitiamo a pranzare sulla terrazza o a pernottare nelle accoglienti camere.

Saltria, 74
I-39040 Alpe di Siusi (BZ)
Tel. +39 0471 727947
Fax +39 0471 729200
www.zallinger.com
info@zallinger.com
Periodo d'apertura: da metà dicembre a inizio aprile e da inizio giugno a metà ottobre

24h E-BIKE

Romantik Hotel Turm ★★★★S

Già da molti anni, il Turm è un luogo di benessere e relax in uno straordinario contesto artistico, naturalistico e storico. Le particolari caratteristiche per un soggiorno indimenticabile sono ora riservate anche a coloro che desiderano trascorrere una vacanza in MTB in un luogo idilliaco. Il Turm, infatti, fa parte degli hotel della regione turistica dell'Alpe di Siusi, che offrono servizi mirati agli amanti di questo sport, tra cui lavaggio bici, deposito chiuso a chiave, servizio di lavanderia e asciugatura dell'abbigliamento, trasporto bagagli e bus-navetta per il recupero degli ospiti in caso di maltempo. Dopo un tour impegnativo, potete rilassarvi nella nostra meravigliosa area wellness, mentre delizieremo il vostro palato con la nostra premiata cucina. In estate, potete godervi l'incantevole vista sullo Sciliar dalla nostra terrazza panoramica.

Piazza Chiesa, 9 – I-39050 Fiè allo Sciliar (BZ)
Tel. +39 0471 725014
Fax +39 0471 725474
www.hotelturm.it
info@hotelturm.it
Periodo d'apertura: da dicembre a fine ottobre

INFO POINT

RENT A BIKE E-BIKE

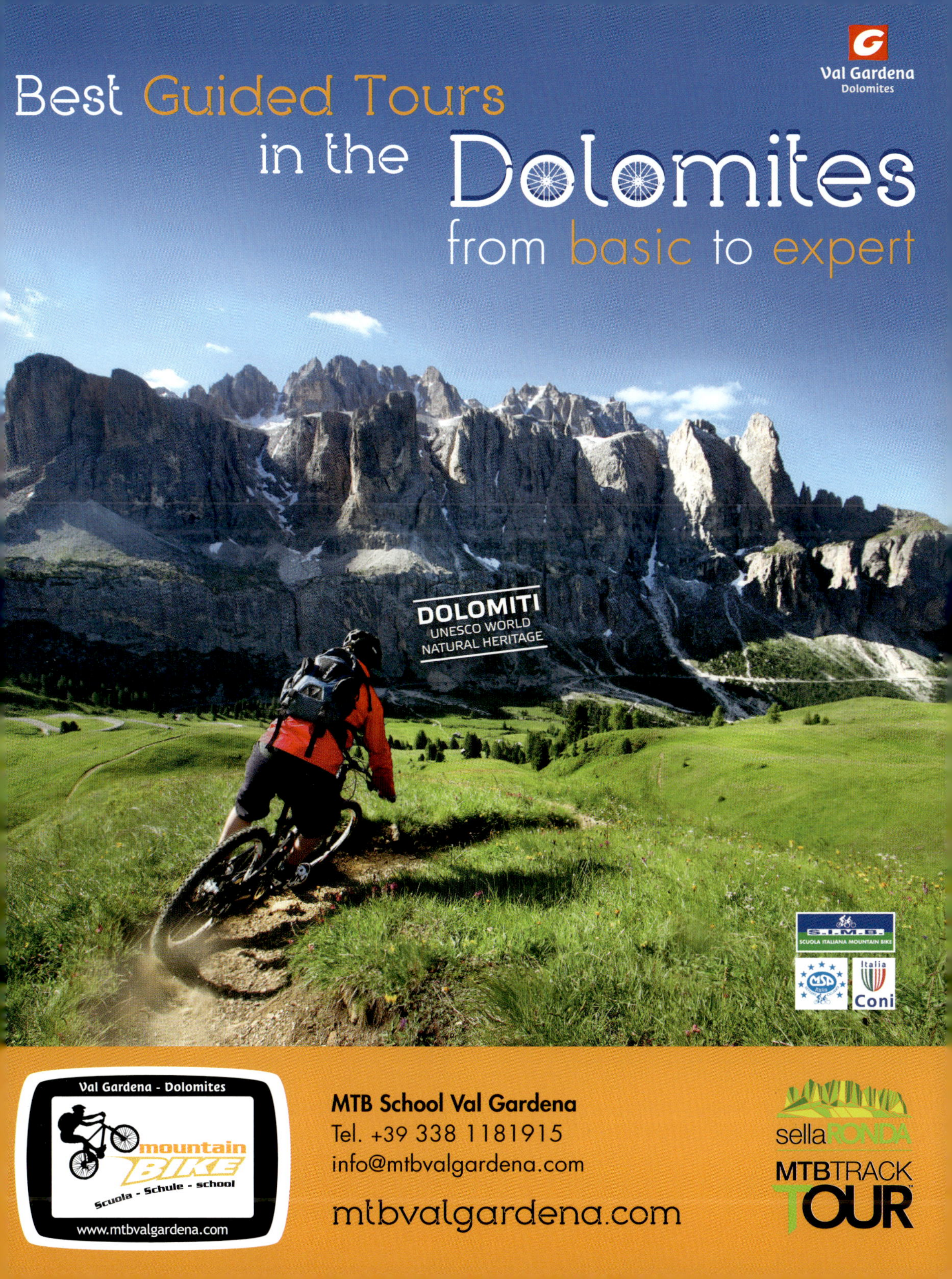
Val Gardena
Dolomites
Best Guided Tours
in the Dolomites
from basic to expert
DOLOMITI
UNESCO WORLD
NATURAL HERITAGE
S.I.M.B.
SCUOLA ITALIANA MOUNTAIN BIKE
Italia
Coni
Val Gardena - Dolomites
mountain
BIKE
Scuola - Schule - school
www.mtbvalgardena.com
MTB School Val Gardena
Tel. +39 338 1181915
info@mtbvalgardena.com
mtbvalgardena.com
sellaRONDA
MTBTRACK
TOUR

Garni Crepaz ★★★ Bed & Breakfast

In questo garni a gestione familiare nel centro di Selva ci si sente proprio come a casa. Tutte le camere, molte con balcone, sono arredate in modo confortevole e dotate di doccia/WC/bidet, asciugacapelli, TV satellitare e cassetta di sicurezza. Una W-Lan gratuita è disponibile in tutto l'hotel. In collaborazione con "Val Gardena Active", ogni settimana vengono organizzati vari tour, mentre Walter, la nostra guida mountain-bike, è sempre a disposizione per suggerimenti e informazioni. Cari ospiti, che vi fermiate per una sola notte o qualche giorno, siete sempre i benvenuti.
Vi attendiamo con gioia!

Streda Nives, 26
I-39048 Selva di Val Gardena (BZ)
Tel./Fax +39 0471 795016
www.garni-crepaz.com
info@garni-crepaz.com
Periodo d'apertura: tutto l'anno

INFO POINT E-BIKE

Café – Pizzeria – Ristorante Baita L' Muliné

La nuova magia della nostra baita di Selva di Val Gardena per pomeriggi tranquilli, pranzi e cene speciali. Godetevi la deliziosa cucina tipica e mediterranea, affacciati sul suggestivo paesaggio che si può ammirare dalla nostra ampia terrazza panoramica, o accomodatevi nell'accogliente Stube tirolese nelle fredde giornate di maltempo.
Piatti caldi dalle 12 alle 14.30 e dalle 18.30 alle 21.30

Via La Sëlva, 104
I-39048 Selva di Val Gardena (BZ)
Tel. +39 0471 773293
Cell. +39 333 8838814
www.l-muline.com
info@l-muline.com
Periodo d'apertura: da inizio dicembre a Pasqua e da metà giugno a fine settembre

Bikeplus – Tutto sulla bicicletta

Walter Raifer, titolare di Bikeplus, da 20 anni è un appassionato di MTB. Franz Hofer, il suo collaboratore, è un vero professionista di questo sport e membro di una squadra nazionale.
Qui troverete il meglio in tema di servizio, consulenza e accessori per la vostra bici. Mountainbike e bici da corsa dei marchi SCOTT, SIMPLON, WILIER, misurazioni e posizionamento professionali, revisioni, manutenzione e adattamenti personalizzati.

bikeplus
Rund ums Rad · Tutto per la bici

Via Coste, 16
I-39043 Chiusa (BZ)
Tel. +39 0472 847576
Cell. Walter +39 388 6557835
Cell. Franz +39 347 3173441
www.bikeplus.it – info@bikeplus.it
Periodo d'apertura: tutto l'anno,
dalle 8.30 alle 12.00 e dalle 15.00 alle 19.00

Residence Merk ★★★
Après Ski Bike Saltos & Service Point Selva Bike Total

Tutto ciò che fa battere forte il cuore a un biker: offerta di mountain-bike per veri professionisti! Tutti i segreti vi verranno svelati dal titolare, egli stesso entusiasta guida ciclistica. E affinché ciascuno riceva tutte le informazioni necessarie, accanto al punto di'incontro per sportivi "Après Ski Bike Saltos", è stato allestito un apposito service e info point. Anche il Residence Merk, ubicato a 1700 m lungo uno dei più bei tour delle Dolomiti, offre in collaborazione con "Val Gardena Active" un servizio completo riservato agli ospiti, che comprende tour gratuiti con guida più volte alla settimana e riduzioni sull'escursione guidata intorno al Sellaronda.

Via Plan, 70
I-39048 Selva di Val Gardena (BZ)
Cell. +39 335 6849031
www.residence-merk.com
info@residence-merk.com
Periodo d'apertura: tutto l'anno
Après Ski Bike Saltos: orario continuato dalle 7 all' 1

Piccolo Hotel ★★★★

Il sig. Prinoth è uno dei pionieri dei Biker-Hotel in Val Gardena, oltre che appassionato mountain-biker. Per tutta l'estate quest'hotel offre pacchetti vacanza in MTB con quotidiani tour guidati suddivisi in due gruppi di diverso livello. Dopo una giornata dinamica, potete rilassarvi profondamente nella piscina coperta, nella sauna finlandese e nel bagno turco.

Via Rainel, 51
I-39048 Selva di Val Gardena (BZ)
Tel. +39 0471 795186
Fax +39 0471 795377
www.hotel-piccolo.com
info@bike-valgardena.com
Periodo d'apertura: da metà giugno a fine settembre e da inizio dicembre a Pasqua

Saltner Hütte – Malga Cason, 2111 m

Sulla nostra terrazza, affacciata sulla straordinaria vista panoramica del Sassolungo, assaporate i tipici prodotti e i latticini delle malghe locali. Colazione per mattinieri, su richiesta anche nella nostra accogliente Stube.

Alpe Rasciesa
I-39046 Ortisei Val Gardena (BZ)
Cell. +39 338 1935631
Cell. +39 339 4038596
thalererich@gmail.com
Periodo d'apertura: da inizio giugno a metà ottobre

24h E-BIKE

Ristoro Krabesalm

La Krabesalm è il ristoro più a sud dell'Alto Adige, nel cuore di idilliaci lariceti. Nella nostra piccola Stube rivestita in legno, ai mountain-biker proponiamo tutto il giorno piatti caldi fatti in casa a base di ingredienti freschi, serviti all'ombra delle betulle e dei sorbi selvatici, dove i nostri tavoli si affacciano sul magnifico panorama del Gruppo del Lagorai.

I-39040 Anterivo (BZ)
Cell. +39 336 873043
Periodo d'apertura: dal 1° maggio fino a Ognissanti
Giorno di riposo: martedì (eccetto luglio e agosto)

24h

sport
fashion
food
newspaper
tobacco
Val Gardena
Dolomites
MACIACONI
ALL YOU NEED FOR HOLIDAY ...
T. 0471 793 110
Str. Plan da Tieja, 6
S. Cristina
www.maciaconi.com

Bikehotel Steineggerhof ★★★s

Quest'hotel in posizione particolarmente tranquilla, a soli 13 km da Bolzano, è affacciato sulla meravigliosa vista panoramica delle Dolomiti. Il titolare Kurt Resch e le sue esperte guide bike offrono, ormai già da 18 anni, un servizio che spazia dal deposito bici perfettamente attrezzato alle escursioni guidate.

Oberdorf, 128
I-39053 Collepietra (BZ)
Tel. +39 0471 376573
Fax +39 0471 376661
www.bikehotel-steineggerhof.com
info@steineggerhof.com
Periodo d'apertura: da Pasqua a fine ottobre

BikeHotels Südtirol

RENT A BIKE

Agriturismo Wiedenhof

Azienda specializzata in bike con prodotti del maso e piatti fatti in casa: pasta per biker, ravioli spinaci e ricotta, omelette tipiche, strudel, ecc. Dalla terrazza soleggiata e dal giardino si gode il panorama sulla conca di Bolzano e, mentre i genitori si rilassano, i bambini possono trascorrere momenti gioiosi nel minizoo con asino, lama e maialini, o nel parco giochi. Meta molto amata anche nel periodo del Törggelen (è gradita la prenotazione).

Cornedo di Sopra, 13
I-39053 Cornedo (BZ)
Tel. +39 0471 365341
Cell. +39 347 7578528
Periodo d'apertura: da marzo a fine novembre
Giorno di riposo: giovedì

INFO POINT 24h E-BIKE

Marica ★★★★ Hotel & Sport
Alpino – mediterraneo – moderno!

Quest'hotel giovane e moderno, piccolo ma raffinato, ubicato sulle pendici soleggiate della località di Ega, ai piedi del Latemar e delle Dolomiti, è dotato di piscina coperta, saune, sala fitness e molto spazio per il relax e il divertimento.

Gli artisti locali hanno dato il loro contributo per trasformare questa struttura in un luogo di gioia, dove il benessere personale è la massima priorità. L'offerta dinamica è favorita dalla passione dei proprietari per la montagna e lo sport e dalla loro formazione nelle discipline come mountainbike, escursionismo e nordic walking.

Per tutta l'estate, questi specialisti offrono un interessante programma di attività con 6 tour settimanali. La gustosa cucina, a base dei migliori ingredienti del maso e dei campi, insieme ai raffinati vini altoatesini, rende completo il benessere.

Quest'hotel è stato premiato da "Mountain Bike Holidays" con 4 pignoni, segno di massima qualità dell'offerta per una vacanza ciclistica.

Paese, 30/A
I-39050 Ega (BZ)
Tel. +39 0471 615720
Fax +39 0471 618300
www.hotelmarica.it
info@hotelmarica.it
Periodo d'apertura: da Natale a Pasqua e da giugno a ottobre

MOUNTAIN Bike HOLIDAYS

ITALY BIKE HOTELS

INFO POINT

TAXI

Bike- & Wellnesshotel Erica ★★★★S

Visitate il nostro hotel nelle Dolomiti e lasciatevi ammaliare dal suggestivo scenario alpino! Punto di partenza ideale per tour di vario livello in un paesaggio incantevole, consente di percorrere una delle più belle regioni per la mountain-bike dell'Alto Adige con cime e torri del Catinaccio e del Latemar sempre in vista. Emozionanti trail attraverso prati e boschi, rilassanti pedalate su sentieri sterrati, antichi rifugi e malghe per una sosta: questo è il paradiso per biker, principianti o esperti, che desiderano partire alla scoperta delle bellezze di questa terra.

Quale membro dei "BikeHotels Alto Adige", il nostro albergo è perfettamente attrezzato per le vostre esigenze e quelle della vostra bici. Dopo ogni tour, all'Erica vi attendono momenti rilassanti nell'area wellness e piaceri gastronomici. Svariate offerte per soggiorni di 7, 5 o 3 giorni sono valide per tutta la stagione estiva.

Tre tour, suddivisi in due gruppi di livello diverso e accompagnati da guide dell'hotel, vengono effettuati sei giorni alla settimana. Anche Luis Brunner, padrone di casa e guida bike diplomata, vi farà compagnia. Non mancheranno gli speciali servizi per ogni fan delle due ruote: Christian, la nostra guida bike, sarà ogni giorno a vostra disposizione per domande e informazioni.

Interessanti offerte sono disponibili sul sito www.erica.it!

Strada Principale, 17
I-39050 Nova Ponente (BZ)
Tel. +39 0471 616517
Fax +39 0471 616516
www.erica.it
info@erica.it
Periodo d'apertura: da metà dicembre a Pasqua e da maggio a ottobre

BikeHotels Südtirol

INFO POINT TAXI

Move Hotel Arnika ★★★

Bike-Hotel situato in posizione tranquilla nel centro della Val di Fassa, a 5 minuti a piedi dal centro di Pozza di Fassa offre:

- deposito bike sicuro, coperto e chiuso a chiave, accessibile solo agli ospiti dell'albergo
- angolo attrezzato per la pulizia delle biciclette
- servizio lavanderia (a pagamento) per il lavaggio quotidiano dell'abbigliamento sportivo al rientro
- spazio attrezzato e apposito kit per piccole riparazioni
- due escursioni gratuite in mountain-bike di mezza giornata con istruttore

Strada de la Veisc, 61 – I-38036 Pozza di Fassa (TN)
Tel. +39 0462 764149 – Fax +39 0462 760950
www.arnikahotel.it – info@arnikahotel.it
Periodo d'apertura: da giugno a settembre e da dicembre a Pasqua

Hotel Bellavista ★★★S

Hotel che aderisce al progetto Fassabike a mezza via tra Canazei e il Passo Pordoi, con ai piedi la pista Downhill. Opinion-leader nel progetto di mobilità elettrica con la prima stazione di ricarica di veicoli elettrici dell'intero arco alpino: quattro stazioni di ricarica in modalità rapida per bici, moto e auto, disponibili per i clienti dell'albergo e del ristorante. Proposta "Eco-Package"con condizioni di soggiorno particolari riservate ai clienti con veicoli elettrici! Offerte di soggiorno per MTBiker ad inizio e fine stagione.

Strèda de Pordoi, 12 – I-38032 Canazei (TN)
Tel. +39 0462 601165 – Fax +39 0462 601247
www.bellavistahotel.it
hotel.bellavista@rolmail.net
Periodo d'apertura: da giugno a settembre e da dicembre ad aprile

Hotel Rita & Spa ★★★S

Albergo in centro a Canazei con spettacolare zona wellness comprendente piscina da 50 m² dotata di idromassaggio, nuoto controcorrente e cascata cervicale, sauna finlandese, bio-sauna, bagno turco, doccia tropicale e zona relax. Aderendo al progetto Dolomiti LagoraiBike, vengono organizzate 2 gite settimanali, comprese nel prezzo di soggiorno, e gite quotidiane di differenti gradi di difficoltà a pagamento. Noleggio di bici e GPS di fronte all'albergo.

Streda de Pareda, 16 – I-38032 Canazei (TN)
Tel. +39 0462 601219 – Fax +39 0462 601173
www.hotelrita.com – info@hotelrita.com
Periodo d'apertura: da inizio dicembre a Pasqua e da metà giugno a fine settembre

INFO POINT TAXI

bike Dolomiti Lagorai

Rifugio Dona

Piccolo rifugio eco energetico alimentato esclusivamente a legna e fotovoltaico, posizionato nell'incantevole Val di Dona a ridosso del Catinaccio di Antermoia e direttamente al di sotto del rifugio Antermoia. Cucina tipica ladina con prodotti della zona. 7 posti letto in camera con servizi. Punto ideale di partenza per gite sull'Alpe di Siusi, in Val Gardena e Valle di Fassa. Tappa del percorso internazionale Via Alpina. Il menu serale tiene conto delle esigenze specifiche dei biker.

Val di Dona
I-38030 Mazzin di Fassa (TN)
Tel. +39 0462 601135
Cell. +39 338 8538430
www.rifugiodona.com
rifugiodona@alice.it
Periodo d'apertura: dal 20 giugno al 20 settembre

INFO POINT 24h

Hotel Gran Mugon ★★★ & Restaurant L Chimpl

Albergo in splendida posizione panoramica sopra la Val di Fassa con offerta wellness e ristorante con cucina tipica e gourmet, aperto anche a mezzogiorno. Aderendo al progetto Dolomiti Lagorai Bike, offre 2 gite settimanali comprese nel prezzo di soggiorno e offerte per mountainbiker ad inizio e a fine stagione. Ideale per gite verso: il Sella Ronda, il Catinaccio, giro del Latemar e giro del Lusia.

Strada de Tamion 3
I-38039 Vigo di Fassa (TN)
Tel. +39 0462 769108
Fax +39 0462 769108
www.hotelgranmugon.com
info@hotelgranmugon.com
Periodo d'apertura: da giugno a metà ottobre e da dicembre a Pasqua

bike Dolomiti Lagorai

INFO POINT

Tlisöra Speckstube ★★★
Speckstube e vacanza al maso

Subito sopra la pittoresca località di Longiarü, nel cuore del Parco Naturale Puez-Odle e all'imbocco della famosa Val dei Molini, potete gustare tutto l'anno il nostro speck fatto in casa e i piatti caldi serviti sulla terrazza o nell'ampia sala da pranzo. A disposizione alcune graziose camere rustiche e un appartamento.

Campill, Seres-Misci, 17
I-39030 S. Martin in Badia (BZ)
Tel./Fax +39 0474 590145
www.tlisora.it
info@tlisora.it
Periodo d'apertura: tutto l'anno

24h E-BIKE

Sport Hotel exclusive ★★★s

Roman Erlacher, il padrone di casa, è un appassionato mountain-biker e ciclista. Raimund e Hans, le due guide MTB diplomate, vi accompagneranno nei tour attraverso le Dolomiti, patrimonio naturale dell'umanità. Ogni settimana vi offriamo 4 tour suddivisi in 2 gruppi di diverso livello, che vi sveleranno le mete segrete nel Parco Naturale Fanes-Sennes-Braies. Venite a scoprire il nostro nuovo Mountain Lodge Tamersc: www.mountainlodge-tamersc.com!

Str. Al Plan dessora, 2
I-39030 S. Vigilio di Marebbe (BZ)
Tel. +39 0474 501030
www.sporthotel-exclusive.com
info@sporthotel-exclusive.com
Periodo d'apertura: da inizio dicembre a Pasqua e da metà giugno a metà settembre

INFO POINT · GPS · RENT A BIKE · TAXI

Ristorante alpino Pederü

Il nostro ristorante alpino completamente rinnovato, facilmente raggiungibile in auto, sorge nel cuore del Parco Naturale Fanes-Sennes-Braies ed è il punto di partenza ideale per i tour in MTB. Tutte le camere sono confortevoli e arredate in stile altoatesino. Adatto anche ai gruppi. Godetevi le specialità ladine sulla nostra ampia terrazza!

Strada Val dei Tamersc, 16
I-39030 S. Vigilio di Marebbe (BZ)
Tel. +39 0474 501086
Fax +39 0474 501086
www.pederue.it
info@pederue.it
Periodo d'apertura: da dicembre a Pasqua e dal 1° giugno a metà ottobre

INFO POINT · E-BIKE

Hotel & Ristorante Pider ★★★s

L'Hotel Pider a La Valle vi dà un cordiale benvenuto in uno dei luoghi più suggestivi della Val Badia, a 1350 m nel cuore delle Dolomiti, dove sarete accolti da un'atmosfera calda e familiare, in cui quiete e relax sono una parola d'ordine a garanzia di una vacanza indimenticabile.

Il nostro albergo completamente rinnovato, che sorge nel centro del paese, è un perfetto punto di partenza o di sosta. Dalla primavera all'autunno, cimentatevi in meravigliosi tour in mountain-bike attraverso il vicino Parco Naturale Fanes-Sennes o Puez-Odle.

Markus, padrone di casa junior e guida bike abilitata, conosce ogni angolo della regione e vi accompagnerà nelle escursioni con preziosi consigli e un'assistenza professionale.

Durante l'estate vengono proposti pacchetti per mountain-biker con quattro tour settimanali guidati, suddivisi in due gruppi di livello diverso, tra cui i più speciali sono il Sellaronda o il pacchetto "Sellaronda Deluxe", un'esperienza di 2 giorni intorno al Gruppo del Sella, non supportata da impianti di risalita, con pernottamento lungo il percorso.

Non mancano neppure le offerte forfait per e-bike e bici da corsa.

Str. San Senese, 22
I-39030 La Villa – Alta Badia (BZ)
Tel. +39 0471 843129
Fax +39 0471 843281
www.pider.info
reception@pider.info
Periodo d'apertura: tutto l'anno

BikeHotels Südtirol

Mountain Bike Holidays

INFO POINT
TAXI
E-BIKE

Pensione La Müda

Da molti anni appassionato praticante di MTB, il proprietario offre durante tutta l'estate pacchetti di soggiorno su misura per biker: 4 pernottamenti con un'escursione guidata in Alta Badia e il Sella Ronda sempre compresi nel prezzo di soggiorno. Service e noleggio bici, seggiovia per il Parco Naturale del Fanes con salita anche per bici, accanto alla pensione.

Via La Müda, 13
I-39036 Badia (BZ)
Tel. +39 0471 839698
Fax +39 0471 839626
www.lamuda.it
info@lamuda.it
Periodo d'apertura: da inizio dicembre a metà aprile e da inizio giugno a fine settembre

INFO POINT TAXI E-BIKE

Albergo-rifugio Pralongià ★★

Ubicato in posizione meravigliosa nei pressi di un'idilliaca chiesetta sull'altipiano di Pralongià, quest'albergo-rifugio, si caratterizza per ottima cucina, incantevole vista panoramica, nuove camere con bagno e una spaziosa camerata. Punto di sosta e di pernottamento per tour in MTB tra Corvara e Cortina.

Pedecorvara, 30
I-39033 Corvara – Alta Badia (BZ)
Tel. +39 0471 836072
Fax +39 0471 830193
www.pralongia.it
info@pralongia.it
Periodo d'apertura: da inizio dicembre a Pasqua e da inizio giugno a inizio ottobre

bike friendly

INFO POINT 24h TAXI

Mountain Nature Hotel Störes ★★★ & Ristorante

Soggiornerete in un ambiente familiare dal tipico stile tirolese con confortevoli stanze rivestite in legno e calde atmosfere, in cui vi sentirete a vostro agio. S. Cassiano in Alta Badia è il luogo ideale per una vacanza attiva e sana nel cuore della natura, circondati da alcune delle più belle e suggestive cime delle Dolomiti.

Punto di partenza per tour in mountain-bike facili e impegnativi nel Parco Naturale Fanes-Sennes-Braies, a Cortina e in Alta Badia, oppure tappa per una sosta durante una lunga escursione: hotel e ristorante non sono più un segreto tra i mountain-biker.

Per tutta l'estate vengono offerti pacchetti che prevedono quattro tour guidati alla settimana, divisi in gruppi di vario livello, che comprendono sempre il Sellaronda.

Vasta scelta di mountain-bike, biciclette ed e-bike a noleggio presso il centro dietro l'hotel, a disposizione di chi decide di lasciare a casa la propria. Inoltre, operiamo in stretta collaborazione con le guide della zona, così da esaudire i desideri di ogni cliente.

Str. Plan, 22
I-39030 S. Cassiano – Alta Badia (BZ)
Tel. +39 0471 849486
Fax +39 0471 849331
www.hotelstores.it
info@hotelstores.it
Periodo d'apertura: da dicembre a metà aprile e da inizio maggio a inizio novembre

BikeHotels Südtirol

ITALY BIKE HOTELS

INFO POINT 24h TAXI

Malga Ra Stua

Questa magnifica malga del Parco Naturale Dolomiti D'Ampezzo ristrutturata pochi anni fa è adagiata dolcemente all'inizio della Val Salata che porta nel cuore di un altro Parco Naturale, del Fanes-Sennes-Braies. La cucina molto curata offre una vasta scelta di piatti tipici e la pasta è esclusivamente fatta in casa, così come i dolci. D'estate viene praticato l'alpeggio e si possono gustare prelibati prodotti caseari della zona. Le 8 stanze anch'esse ristrutturate da poco offrono 17 posti totali in stanze di varie tipologie con bagni nuovi e funzionali. Per soggiorni di più di 3 notti eventuale aggregazione a bike tour alternativo, Tre Cime di Lavaredo o Sella Ronda (sconto 50%) o in alternativa 1 notte gratis. Collegamento Wi-Fi in tutta la casa.

Alpe di Ra Stua
I-32043 Cortina d'Ampezzo (BL)
Tel. +39 0436 5753
Cell. +39 333 9142206
www.malgarastua.com
info@malgarastua.com
Periodo d'apertura: da dicembre a fine ottobre

KRONPLATZ
PLAN DE CORONES

Kronplatz · Plan de Corones

Ücia · Rifugio · Hütte

CoroneS

... ci vediamo quassù!

Fantastiche escursioni e **gite** alla scoperta del **Plan de Corones** in **Val Pusteria**, sopra della città di **Brunico** – a piedi, con la **mountain bike** o con la **cabinovia** – bambini, cane e **passeggino** al seguito –, **raffinate specialità tirolesi** e momenti di svago e allegria insieme ai più piccoli nel **parco giochi** davanti alla casa – **benvenuti al Rifugio Corones**.

Cima - Plan de Corones | Via Furcia 39 | 39030 Marebbe
Tel. 0474 530 264 | Mobil 349 22 69 631 | info@corones-kronplatz.com

www.rifugiocorones.com

Prodotti di qualità Alto Adige

INFORMAZIONE ALTO ADIGE

Piazza Walther, 8

39100 Bolzano

Tel. +39 0471 999999

info@suedtirol.info

www.suedtirol.info

www.prodottitipicialtoadige.com

Da lungo tempo, mountain-bike e tour alpini hanno trovato nell'Alto Adige una vera e propria patria. Mentre i ciclisti dilettanti sono sempre alla ricerca dei rari percorsi in pianura nella nostra terra montuosa, i mountain-biker hanno a disposizione una vastissima scelta, dalle strade boscoli ben battute, che conducono quasi in vetta, alle discese facili e difficili, fino all'attraversamento di intere catene montuose e molto altro.

Spesso, questi sportivi si avvalgono delle numerose funivie per trasportare i loro mezzi in quota, da cui procedono su un piacevole sentiero, si lanciano in un "downhill", in un "single trail" oppure optano per una tranquilla discesa su una strada forestale. Indipendentemente dalla scelta del percorso ascendente o discendente, dal dislivello più o meno marcato, da tracciati percorsi spingendo la bici o portandola in spalla, per questo

sport è necessario un ottimo allenamento fisico e una grande energia: infatti, oltre a mettere sotto sforzo la muscolatura delle cosce, fa consumare rapidamente molte calorie. Anche in discesa vengono stimolate svariate fasce muscolari, per consentire al ciclista di reagire rapidamente a ogni evenienza e di rimanere a lungo concentrato. Per mantenersi psico-fisicamente in forma, non è sufficiente l'allenamento fisico e mentale, ma assume fondamentale importanza anche un'alimentazione sana e bilanciata. Fortunatamente quest'ultimo aspetto, in Alto Adige, non costituisce alcun problema!
I masi contadini, spesso costeggiati dai ciclisti, sono i principali fornitori dei prodotti di qualità, il cui marchio è garanzia di genuinità. Di questi alimenti fanno parte latte e latticini, pane, verdure, miele, erbe, piccoli frutti e ciliegie, carne di manzo, succo di mela, speck, vino e grappa, sebbene questi ultimi non possono essere considerati parte di una buona alimentazione

del ciclista! Per contro, tutti gli altri si possono combinare per preparare un pasto energetico vario e gustoso adatto a questo sport. Prima di una dura salita o una discesa rocambolesca, è consigliato consumare questi alimenti la cui produzione, lavorazione e qualità vengono severamente e costantemente controllate. La mela, per esempio, può essere comodamente trasportata nel borsellino degli attrezzi ed essere gustata rapidamente senza problemi. Il succo di mela invece, oltre ad avere un ottimo sapore, sostituisce egregiamente le bevande elettrolitiche! Ogni giorno in Alto Adige vengono preparate numerose varietà di pane: quello di segala, tagliato a fettine sottili, lasciato asciugare all'aria per essere poi combinato con un pezzo di formaggio stagionato, è una merenda perfetta e leggera, da cui trarre la necessaria energia, soprattutto se arricchito da una manciata di frutta secca di qualità. E una volta arrivati alla meta dopo l'intensa fatica, s'incontrano sempre malghe o rifugi in cui vengono preparati e serviti in tavola i prodotti di qualità regionali. A fondovalle, invece, si può allietare il palato con un bicchiere di buon vino o concedersi un grappino per congratularsi con se stessi alla fine di un tour particolarmente riuscito. Come si può vedere, tour in bicicletta e alimentazione in Alto Adige sono più che mai variegati! La vasta offerta di prodotti di qualità forniti da contadini alpini e valligiani, può essere combinata e preparata in mille modi, creando così merende sempre diverse.

Origine, gusto, genuinità e qualità sono garantiti dal sigillo Alto Adige, presente su tutte le confezioni, in cui è contenuto anche un piccolo e autentico pezzo della nostra terra.

Qualität SÜDTIROL

Per ulteriori informazioni sui prodotti di Qualità Alto Adige vedere il sito www.prodottitipicialtoadige.com

Qualità ALTO ADIGE

Avvertenza

La presente opera è stata realizzata con la massima cura. Ciò nonostante tutte le informazioni e i dati in essa contenuti sono da considerarsi meramente indicativi: l'Autore e l'Editore pertanto non si assumono alcuna responsabilità per eventuali danni o svantaggi derivanti da un loro eventuale utilizzo.

© 2013 by Tappeiner S.r.l. Lana (BZ)
Tutti i diritti riservati.

Quest'opera è protetta in ogni sua parte da copyright. Al di fuori delle norme sui diritti d'autore, salvo espresso autorizzazione dell'Editore, è vietata e penalmente perseguibile ogni sua utilizzazione totale o parziale, come la riproduzione, la traduzione e l'adattamento, con qualsiasi mezzo, in particolare microfilm e copie fotostatiche, così come la memorizzazione e l'elaborazione in sistemi elettronici.

Foto di copertina
Val Gardena – Gröden Marketing / Gerhard Eisenschink
www.valgardena.it e www-mtb-dolomites.it

Referenze fotografiche
Tappeiner S.r.l, Airphoto Tappeiner – Christjan Ladurner, Robert Bernard, Gerhard Eisenschink, Horst Oberrauch-rotwild.it. Foto Robert Perathoner, Freddy Planinschek/Sellaronda HERO, Helmut Rier, Scott Marketing, Alessandro Trovati – Pentaphoto/Sellaronda HERO, Mauro Tumler e altre foto di proprietà privata degli inserzionisti.

3D Map

3D RealityMaps DIGITAL WORLD

Coordinamento generale
Tappeiner S.r.l., Lana (BZ)

Printed in Italy

ISBN 978-88-7073-722-6

TAPPEINER